¡Ven conmigo!®

En camino

Holt Spanish Level 1B

Testing Program

HOLT, RINEHART AND WINSTON
Harcourt Brace & Company

Austin • New York • Orlando • Atlanta • San Francisco • Boston • Dallas • Toronto • London

Contributing Writer:
Diane Donaho

PHOTO/ART CREDITS
Abbreviations used: (c) center, (l) left (r) right, (b) bottom, (bkgd) background.

Photo Credits
All pre-Columbian symbols by EclectiCollections/HRW.
Front Cover: (Dancers)/Latin Focus/HRW; (Sun Disk), Superstock.
Page 38 (all), Sam Dudgeon/HRW Photo.

Art Credits
All art, unless otherwise noted, contributed by Holt, Rinehart & Winston.
Page 7, Edson Campos; 11, Fian Arroyo/Dick Washington; 12, Fian Arroyo/Dick Washington; 77, Edson Campos; 100, Fian Arroyo/Dick Washnington; 111, Bob McMahon.

Copyright © by Holt, Rinehart and Winston

All rights reserved. No part of this publication may be reproduced or transmitted in any form or by any means, electronic or mechanical, including photocopy, recording, or any information storage and retrieval system, without permission in writing from the publisher.

Teachers using ¡VEN CONMIGO!, EN CAMINO may photocopy blackline masters in complete pages in sufficient quantities for classroom use only and not for resale.

¡VEN CONMIGO! is a registered trademark licensed to Holt, Rinehart and Winston.

Printed in the United States of America

ISBN 0-03-052492-X

1 2 3 4 5 6 021 02 01 00 99 98

Contents

To the Teacher iv

CAPÍTULO PUENTE
Quiz 1 1–2
Quiz 2 3–4
Quiz 3 5–6
Chapter Test 7–12
Chapter Test Score Sheet 13–14
Quiz Scripts and Answers 15–16
Chapter Test Scripts 17
Chapter Test Answers 18

CAPÍTULO 7
Quiz 7-1 19–20
Quiz 7-2 21–22
Quiz 7-3 23–24
Chapter Test 25–30
Chapter Test Score Sheet 31–32
Quiz Scripts and Answers 33–34
Chapter Test Scripts 35
Chapter Test Answers 36

CAPÍTULO 8
Quiz 8-1 37–38
Quiz 8-2 39–40
Quiz 8-3 41–42
Chapter Test 43–48
Chapter Test Score Sheet 49–50
Quiz Scripts and Answers 51–52
Chapter Test Scripts 53
Chapter Test Answers 54

CAPÍTULO 9
Quiz 9-1 55–56
Quiz 9-2 57–58
Quiz 9-3 59–60
Chapter Test 61–66
Chapter Test Score Sheet 67–68
Quiz Scripts and Answers 69–70
Chapter Test Scripts 71
Chapter Test Answers 72

CAPÍTULO 10
Quiz 10-1 73–74
Quiz 10-2 75–76
Quiz 10-3 77–78
Chapter Test 79–84
Chapter Test Score Sheet 85–86
Quiz Scripts and Answers 87–88
Chapter Test Scripts 89
Chapter Test Answers 90

CAPÍTULO 11
Quiz 11-1 91–92
Quiz 11-2 93–94
Quiz 11-3 95–96
Chapter Test 97–102
Chapter Test Score Sheet 103–104
Quiz Scripts and Answers 105–106
Chapter Test Scripts 107
Chapter Test Answers 108

CAPÍTULO 12
Quiz 12-1 109–110
Quiz 12-2 111–112
Quiz 12-3 113–114
Chapter Test 115–120
Chapter Test Score Sheet 121–122
Quiz Scripts and Answers 123–124
Chapter Test Scripts 125
Chapter Test Answers 126

SPEAKING TESTS
To the Teacher 127
Speaking Test Evaluation Form 128
Bridge Chapter 129
Chapters 7–8 130
Chapters 9–10 131
Chapters 11–12 132

MIDTERM EXAM
Midterm Exam 133–138
Midterm Score Sheet 139–140
Midterm Scripts and Answers 141–142

FINAL EXAM
Final Exam 143–150
Final Score Sheet 151–153
Final Scripts and Answers 154–156

To the Teacher

The primary goal of **En camino** is to help students develop proficiency in Spanish. The Testing Program has been designed to help assess students' proficiency in listening, reading, writing, and culture. The following assessment tools are included in the Testing Program:

Quizzes

One quiz for each **paso** accompanies each chapter. Each is short enough to be administered within a class period. The quizzes assess listening, reading, and writing skills, as well as culture. The listening section of each quiz is recorded on the Audiocassettes and the Audio Compact Discs. Listening scripts and answers are included with each chapter. All three **paso** quizzes yield a maximum cumulative score of 100 for the chapter.

Chapter Tests

The Chapter Tests for chapters Bridge–12 include listening, reading, writing, and culture segments. They are designed to be completed in a class period. Score sheets are provided with the tests to facilitate mechanical or electronic scoring. The listening segments for the Chapter Tests are recorded on the Audiocassettes and the Audio Compact Discs.

Speaking Tests

The Speaking Tests measure how well students use language in contexts that approximate real-life situations. Information about the administration of Speaking Tests is on page 127.

Midterm exam

The Midterm Exam assesses listening, reading, and writing skills as well as cultural information for chapters 7–9. Score sheets to facilitate electronic scoring, scripts, and answers are provided. The listening segments for the midterm are recorded on the Audiocassettes and the Audio Compact Discs.

Final exam

A comprehensive final exam is provided for **En camino**. This exam is designed with the same features as the Midterm Exam.

Nombre _____ Clase _____ Fecha _____

¡En camino!

Quiz 1

PRIMER PASO

Maximum Score: 30 points

I. Listening

A. Adriana and Eduardo meet at a birthday party. Listen to their conversation. Then write **a) sí** or **b) no** for each English statement that follows. (10 points)

_____ 1. Eduardo and Adriana are from the same country.

_____ 2. Videogames are Adriana's favorite activity.

_____ 3. Eduardo and Adriana both like some of the same activities.

_____ 4. Adriana and Eduardo have been friends for a long time.

_____ 5. Eduardo and Adriana plan to get together again.

SCORE _____

II. Reading

B. Read about what people like to do. Choose the best word or phrase that tells what each person wants or needs in order to do the activity. (8 points)

_____ 6. A mí me gusta mucho leer. Tengo unos libros pero también quiero...

_____ 7. A Ana no le gusta leer pero le gusta correr por el parque. Necesita...

_____ 8. Me gusta dibujar todos los días. Tengo unos lápices de colores pero necesito más...

_____ 9. A mi amiga no le gusta dibujar ni pintar pero sí le gusta escuchar música. Quiere...

_____ 10. Mi actividad favorita es comprar ropa en el centro comercial. Necesito...

_____ 11. No te gustan los deportes. Te gusta estudiar el español. Quieres...

_____ 12. A mi hermano le gusta organizar el cuarto pero necesita... para poner la ropa.

_____ 13. A mi amigo le gusta hacer la tarea en su cuarto pero necesita...

a. unas zapatillas de tenis
b. una radio
c. un escritorio
d. un armario
e. unas revistas
f. dinero
g. papel
h. un diccionario español-inglés

SCORE _____

¡Ven conmigo! En camino Level 1B, ¡En camino!

Nombre _____ Clase _____ Fecha _____

  Quiz 1

III. Writing

A. Carlos and Anabela have different things in their rooms. Look at the drawings below. Then write six sentences. Include three sentences about what each of the two students has. (12 points)

el cuarto de Carlos

el cuarto de Anabela

14. _____

15. _____

16. _____

17. _____

18. _____

19. _____

SCORE _____

TOTAL SCORE _____ /30

Nombre _____ Clase _____ Fecha _____

¡En camino!

Quiz 2

PRIMER PASO

Maximum Score: 35 points

I. Listening

A. Listen to statements about what different people do. Then decide if they do that activity **a) en el colegio, b) después de clases,** or **c) los fines de semana.** (12 points)

1. _____   4. _____
2. _____   5. _____
3. _____   6. _____

SCORE _____

II. Reading

B. Read each question. Then select the best response from the three choices. (8 points)

_____ 7. ¿Cómo es la biblioteca?
   a. Es aburrido.
   b. Es grande y bonita pero es vieja.
   c. Es interesante y divertido.

_____ 8. ¿Cómo es tu amiga?
   a. Es artística, inteligente y cómica.
   b. Es travieso y guapo.
   c. La casa de mi amiga está cerca del colegio.

_____ 9. ¿Por qué te gusta la clase de matemáticas?
   a. Porque el profesor es alto.
   b. Porque la clase es difícil pero divertida.
   c. A mi amigo le gusta porque es fácil.

_____ 10. ¿Dónde está tu colegio?
   a. Tiene muchas clases y profesores.
   b. Es grande y bonito.
   c. Está al lado de la biblioteca y cerca de casa.

SCORE _____

Nombre _____ Clase _____ Fecha _____

 Quiz 2

III. Writing

C. Francisco is very organized. Read the entries in his date book for today. Then write sentences about what he does during each of the times indicated below. For each sentence, write the time as words. (10 points)

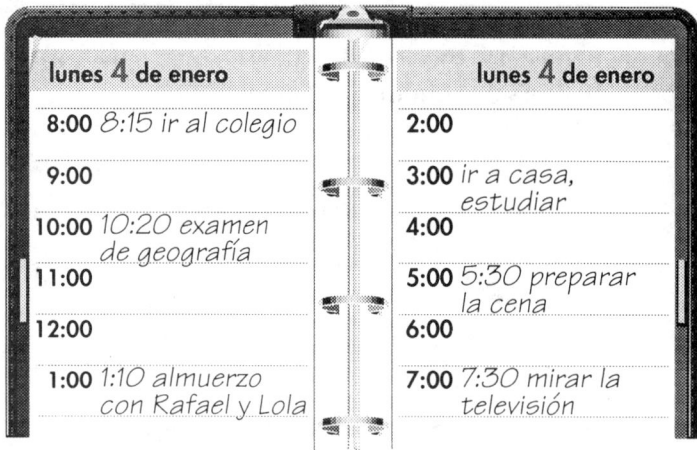

10:20 **11.** _____

  8:15 **12.** _____

  5:30 **13.** _____

  1:10 **14.** _____

  7:30 **15.** _____

SCORE [ ]

IV. Culture

D. Read each statement below and indicate **a) cierto** or **b) falso** according to the information in your textbook. (5 points)

_____ 1. In most Spanish-speaking countries, people go to the **plaza** to have fun and see their friends.

_____ 2. **Plazas** are generally located inside shopping malls.

SCORE [ ]

TOTAL SCORE [ ] /35

Nombre _____ Clase _____ Fecha _____

¡En camino!

Quiz 3

PRIMER PASO

Maximum Score: 35 points

I. Listening

A. Roberto is curious about Marta and her family. Listen to their dialogue. Find the drawing that matches what Marta describes. (10 points)

a.　　　　　b.　　　　　c.　　　　　d.　　　　　e.

1. _____　2. _____　3. _____　4. _____　5. _____　SCORE _____

II. Reading

B. You and your family are going to visit your grandmother. Read the description of what the weather is usually like. Then read the statements that follow. Answer **a) yes** or **b) no** to each statement based on the information in the paragraph. (8 points)

> Aquí hace buen tiempo casi todo el año. En el mes de agosto hace más calor, con temperaturas máximas de un promedio *(average)* de ochenta y nueve grados *(degrees)* y temperaturas mínimas de setenta y seis grados. Durante el mes de enero, hace más fresco con temperaturas máximas de un promedio de ochenta y cinco grados y temperaturas mínimas de un promedio de cincuenta y nueve grados. Generalmente llueve más durante el verano, en el otoño hace viento y hace mucho sol en los meses del invierno y la primavera.

_____ 6. You are least likely to need an umbrella if you visit during the summer.

_____ 7. October is good month to winsurf there.

_____ 8. There's a big difference between the warmest summer temperatures and the warmest temperatures in the winter.

_____ 9. The weather allows people to go the the beach almost all year.

SCORE _____

¡Ven conmigo! En camino Level 1B, ¡En camino!

Nombre _____ Clase _____ Fecha _____

 Quiz 3

III. Writing

C. Use the cues below to write to your pen pal, Cristina, in Argentina. (12 points)

10. Describe your appearance using three adjectives.
    _____

11. Describe your personality using three adjectives.
    _____

12. Tell Cristina what you and your friends like to do.
    _____

13. Write what you and your family like to do together on the weekends.
    _____

14. Ask Cristina what she and her friends like to do.
    _____

15. Ask Cristina what she and her family do together on weekends.
    _____

SCORE ☐

IV. Culture

D. Based on the information in your textbook, mark each statement below **a) cierto** or **b) falso**. (5 points)

_____ 16. **La sobremesa** is a custom that is practiced only on holidays.

_____ 17. **La sobremesa** is a time for families to spend together talking.

SCORE ☐

TOTAL SCORE ☐ /35

CUMULATIVE SCORE FOR QUIZZES 1–3 ☐ /100

6 Testing Program   ¡Ven conmigo! En camino Level 1B, ¡En camino!

Nombre _____ Clase _____ Fecha _____

¡En camino!

¡En camino! Chapter Test

I. Listening

Maximum Score: 30 points

A. Listen as Mariana tells about the people shown in the drawings below. Write the letter of the drawing she describes. (10 points)

1. _____ 2. _____ 3. _____ 4. _____ 5. _____

SCORE _____

B. Listen as José Antonio tells about things he and others have and things they need. Find the item that each needs. (20 points)

_____ 6. a. unos lápices
       b. unos bolígrafos
       c. una calculadora

_____ 7. a. una silla
       b. un escritorio
       c. unos carteles

_____ 8. a. una mochila
       b. un diccionario
       c. ropa

_____ 9. a. unas revistas
       b. una mochila
       c. dinero

_____ 10. a. un perro
        b. dinero
        c. comida

_____ 11. a. una ventana
        b. un escritorio
        c. una lámpara

_____ 12. a. un libro
        b. unas revistas
        c. un cuaderno

_____ 13. a. una goma de borrar
        b. lápices
        c. papel

_____ 14. a. una cama
        b. un cuarto
        c. un reloj

_____ 15. a. papel
        b. tarea
        c. un cuaderno

SCORE _____

¡Ven conmigo! En camino Level 1B, ¡En camino! Testing Program **7**

Nombre _____ Clase _____ Fecha _____

¡En camino! Chapter Test

II. Reading
Maximum Score: 30 points

C. René is talking with his Spanish teacher, Mrs. Mata, in the cafeteria. Put their conversation in the correct order from **a** to **e**. (10 points)

a. Son las doce y diez. ¡Date prisa, René!

b. Hasta luego, profesora.

c. No muy bien. Tengo un examen a la una y necesito estudiar. ¿Qué hora es?

d. Buenos días, profesora. ¿Cómo está usted?

e. Estoy bien, gracias. ¿Y tú, René?

16. _____   17. _____   18. _____   19. _____   20. _____

SCORE ____

D. Read the following paragraph. Then mark each statement that follows **a) yes** or **b) no**. (10 points)

> Me llamo Verónica María Puente Torres. Soy de Maracaibo, Venezuela, pero estoy aquí en Miami con mi familia. Vamos a estar aquí por sólo dos años. Mi padre tiene un trabajo aquí. En Miami, vamos al colegio de agosto hasta mayo. En mi colegio en Maracaibo, las clases son de octubre hasta julio. Las clases son difíciles aquí porque no sé mucho inglés. Tengo una nueva amiga, Caroline. Es muy inteligente y simpática. Ella practica el inglés conmigo. Siempre vamos juntas a la cafetería y hablamos. ¡Quiero conocer a muchos nuevos amigos!

_____ 21. Verónica's classes are hard because she doesn't study.

_____ 22. Verónica's family has moved to Miami permanently.

_____ 23. Verónica is learning English by studying and talking with a friend.

_____ 24. School vacations are different in Miami and Maracaibo.

_____ 25. Verónica has a new friend and wants to meet more people.

SCORE ____

Nombre _____ Clase _____ Fecha _____

¡En camino! Chapter Test

E. Jesús has a lot of activities planned for the week. Look at his schedule. Then match each question with the best answer. (10 points)

lunes	martes	miércoles	jueves	viernes	sábado	domingo
casa de Paco— videojuegos	estudiar— biblioteca	estudiar— casa de Pancho	clase de aeróbicos	cine con Rafa y Ana 7:10	cortar el césped nadar con Alberto	fiesta para tío Daniel

_____ 26. ¿Adónde va Jesús el jueves?

_____ 27. ¿Adónde va el sábado?

_____ 28. ¿Qué día tiene que hacer sus quehaceres domésticos?

_____ 29. ¿Qué día ve una película?

_____ 30. ¿Qué día estudia con un amigo?

a. el viernes
b. el sábado
c. el miércoles
d. Va al gimnasio.
e. Va a la piscina.

SCORE _____

Nombre _____ Clase _____ Fecha _____

¡En camino! Chapter Test

III. Culture

Maximum Score: 10 points

F. Choose the word or phrase that best completes each sentence. (4 points)

_____ 31. **Plazas** are used by . . .
   a. older residents
   b. shoppers
   c. people of all ages

_____ 32. **La sobremesa** gives family and friends time to . . .
   a. discuss interesting topics
   b. watch TV together
   c. do the dishes

SCORE _____

G. Read the statements below. According to the information in your textbook, mark each statement **a) cierto** or **b) falso.** (6 points)

_____ 33. In Spanish-speaking towns, the church and police station are generally around the **plaza.**

_____ 34. **Plazas** are only for official government events.

_____ 35. Dances are commonly held in **plazas** in Spanish-speaking towns.

SCORE _____

IV. Writing

Maximum Score: 30 points

H. Pretend that you are having a conversation with your new friend, Laura. Write a sentence in Spanish for each of the following. (10 points)

36. Ask Laura what she does after school.

37. Laura tells you that she practices the piano sometimes.

38. Laura asks you if you play the piano.

39. Say that you don't but that you like to listen to music.

40. Laura says she likes listening to music too and also likes going to concerts.

SCORE

I. Write two sentences for each of the drawings below. In the first sentence, tell what the weather is like according to the drawing. Then write a second sentence saying what you like to do in that kind of weather. (20 points)

41.

Nombre _____ Clase _____ Fecha _____

 ¡En camino! Chapter Test

42. _____
_____
_____
_____

43. _____
_____
_____
_____

44. _____
_____
_____
_____

45. _____
_____
_____
_____

SCORE [ ]

TOTAL SCORE [ ] /100

Nombre _____ Clase _____ Fecha _____

¡En camino! Chapter Test Score Sheet

Circle the letter that matches the most appropriate response.

I. Listening
Maximum Score: 30 points

A. (10 points)   **B.** (20 points)

1. a b c d e   6. a b c   11. a b c
2. a b c d e   7. a b c   12. a b c
3. a b c d e   8. a b c   13. a b c
4. a b c d e   9. a b c   14. a b c
5. a b c d e   10. a b c   15. a b c

SCORE _____   SCORE _____

II. Reading
Maximum Score: 30 points

C. (10 points)   **D.** (10 points)   **E.** (10 points)

16. a b c d e   21. a b   26. a b c d e
17. a b c d e   22. a b   27. a b c d e
18. a b c d e   23. a b   28. a b c d e
19. a b c d e   24. a b   29. a b c d e
20. a b c d e   25. a b   30. a b c d e

SCORE _____   SCORE _____   SCORE _____

III. Culture
Maximum Score: 10 points

F. (4 points)   **G.** (6 points)

31. a b c   33. a b
32. a b c   34. a b
                35. a b

SCORE _____   SCORE _____

¡Ven conmigo! En camino Level 1B, ¡En camino!

Nombre _____ Clase _____ Fecha _____

¡En camino! Chapter Test

IV. Writing

Maximum Score: 30 points

H. (10 points)

36. _____
37. _____
38. _____
39. _____
40. _____

SCORE [ ]

I. (10 points)

41. _____
_____
_____

42. _____
_____
_____

43. _____
_____
_____

44. _____
_____
_____

45. _____
_____
_____

SCORE [ ]

TOTAL SCORE [ ] /100

Scripts for Quizzes

Quiz 1 ¡En camino! Primer Paso

I. Listening
A.

ADRIANA	¡Hola! Me llamo Adriana. ¿Y tú? ¿Cómo te llamas?
EDUARDO	¿Qué tal, Adriana? Soy Eduardo. ¿De dónde eres?
ADRIANA	Soy de Panamá.
EDUARDO	Y yo soy de Paraguay. Tengo trece años. ¿Y tú?
ADRIANA	Tengo catorce. ¿Quieres bailar?
EDUARDO	Sí, pero primero quiero hablar contigo un poco. ¿Te gustan los videojuegos? Mi hermano y yo tenemos un videojuego nuevo.
ADRIANA	Me gusta más practicar los deportes. También me gusta mucho leer.
EDUARDO	A mí también me gusta leer. A mi hermano y a mí nos gusta correr en el parque. ¿Quieres ir al parque mañana?
ADRIANA	¡Excelente!

Quiz 2 ¡En camino! Segundo paso

I. Listening
A.
1. Voy a casa a las tres. Tomo un refresco y hago la tarea.
2. Natalia y yo vamos a la piscina por la mañana o a veces vamos al centro comercial.
3. David pasa el rato con sus amigos en la cafetería. Luego tiene inglés y ciencias.
4. Nos gusta ir al cine a la una de la tarde.
5. Dibujamos y pintamos todos los días con la profesora de arte.
6. De lunes a viernes, yo cuido a mis hermanos de las tres y media hasta las cinco y media.

Quiz 3 ¡En camino! Primer Paso

I. Listening
A. I.

1.	ROBERTO	Tienes muchos familiares que viven lejos, ¿verdad? ¿Con qué frecuencia les escribes cartas?
	MARTA	Les escribo cartas a veces, especialmente cuando estoy en la biblioteca.
2.	ROBERTO	¿Qué haces por la mañana antes de ir al colegio? ¿Tienes muchos quehaceres?
	MARTA	Hago mi cama y pongo mi ropa en el armario. Siempre trabajo con mucha prisa.
3.	ROBERTO	¿Y quién limpia la cocina después del desayuno? ¿Tú ayudas?
	MARTA	No, casi siempre limpia la cocina mi papá antes de ir al trabajo.
4.	ROBERTO	¿Con qué frecuencia sacas la basura? A mí no me gusta sacar la basura.
	MARTA	¡No saco la basura nunca! Mi hermano mayor la saca todas las tardes.
5.	ROBERTO	¿Qué te gusta hacer para ayudar en casa?
	MARTA	Me gusta mucho trabajar en el jardín con mi mamá. Mamá y yo hablamos mientras trabajamos.

Answers to Quizzes En camino-1, En camino-2, En camino-3

ANSWERS Quiz 1

I. Listening

A. (10 points: 2 points per item)
1. b
2. b
3. a
4. b
5. a

II. Reading

B. (8 points: 1 point per item)
6. e
7. a
8. g
9. b
10. f
11. h
12. d
13. c

III. Writing

C. (12 points: 2 points per item)
Answers will vary for items 14 to 19.

ANSWERS Quiz 2

I. Listening

A. (12 points: 2 points per item)
1. b
2. c
3. a
4. c
5. a
6. b

II. Reading

B. (8 points: 2 points per item)
7. b
8. a
9. b
10. c

III. Writing

C. (10 points: 2 points per item)
Answers will vary. Possible answers:
11. Francisco tiene un examen de geografía a las diez y veinte de la mañana.
12. A las ocho y cuarto, Francisco va al colegio.
13. Francisco prepara la cena a las cinco y media.
14. Francisco va a la cafetería para almorzar a la una y diez de la tarde.
15. A las siete y media, Francisco mira la televisión.

IV. Culture

D. (5 points: $2\frac{1}{2}$ points per item)
16. a
17. b

ANSWERS Quiz 3

I. Listening

A. (10 points: 2 points per item)
1. e
2. c
3. b
4. a
5. d

II. Reading

B. (8 points: 2 points per item)
6. b
7. a
8. b
9. a

III. Writing

C. (12 points: 2 points per item)
Answers will vary. Possible answers:
10. Soy alto/a, moreno/a con ojos de color café.
11. Soy inteligente, cómico/a y simpático/a.
12. A mis amigos y a mí nos gusta jugar al basquetbol y escuchar música.
13. Los fines de semana voy al cine con mi familia.
14. ¿Qué les gusta hacer a ti y a tus amigos?
15. ¿Qué hacen tu familia y tú los fines de semana?

IV. Culture

D. (5 points: $2\frac{1}{2}$ points per item)
16. b
17. a

Scripts for Chapter Test ¡En camino!

I. Listening

A.
1. Mi amiga Juana es alta, delgada y morena. Su hermanito es muy pequeño y un poco travieso.
2. La casa de mi abuela está cerca del parque. Ella camina por el parque todos los días y después descansa.
3. Mi primo Ramón estudia el arte. Tiene clase dos veces por semana y dibuja en casa todos los días.
4. Después de hacer la tarea, mi hermano y yo miramos la televisión.
5. Mi hermanastro se llama Julio. Mi hermana Raquel tiene siete años. Los domingos por la tarde, ellos lavan el carro de mamá.

B.
6. Ya tengo casi todo para la clase de matemáticas. La profesora dice que necesito una calculadora pero ya tengo una regla, lápices y papel.
7. En mi cuarto, hay una cama, un armario y un escritorio. Pero no tengo silla.
8. Mamá y yo compramos una mochila y unos zapatos de tenis ayer. Todavía necesito un buen diccionario.
9. Necesito dinero para comprar ropa nueva. ¡Mi ropa está muy vieja!
10. Tengo una perra muy bonita. Es pequeña y tiene el pelo negro. Necesito comida para mi perrita.
11. El cuarto de mi hermano no tiene ventana. Él necesita una lámpara para su escritorio.
12. Mi mamá necesita unas revistas. Le gusta leer todas las noches después de la cena.
13. María tiene muchos lápices para su clase de arte pero necesita una goma de borrar.
14. Mi hermana tiene un reloj al lado de su cama pero yo necesito un reloj para mi cuarto.
15. Necesito más papel. ¡Tengo mucha tarea!

Answers to Chapter Test

I. Listening Maximum Score: 30 points

A. (10 points: 2 points per item)
1. d
2. c
3. a
4. b
5. e

B. (20 points: 2 points per item)
6. c
7. a
8. b
9. c
10. c
11. c
12. b
13. a
14. c
15. a

II. Reading Maximum Score: 30 points

C. (10 points: 2 points per item)
16. d
17. e
18. c
19. a
20. b

D. (10 points: 2 points per item)
21. b
22. b
23. a
24. a
25. a

E. (10 points: 2 points per item)
26. d
27. e
28. b
29. a
30. c

III. Culture Maximum Score: 10 points

F. (4 points: 2 points per item)
31. c
32. a

G. (6 points: 2 points per item)
33. a
34. b
35. a

IV. Writing Maximum Score: 30 points

H. (10 points: 2 points per item)
Answers will vary. Possible answers:
36. ¿Qué haces después de clases?
37. A veces practico el piano.
38. ¿Tocas el piano?
39. No, no toco el piano pero me gusta escuchar música.
40. A mí también me gusta escuchar música y me gusta asistir a los conciertos.

I. (20 points: 4 points per item)
Answers will vary. Possible answers:
41. Hace frío. Cuando hace frío me gusta leer revistas.
42. Está lloviendo. Cuando llueve me gusta ir al cine.
43. Hace sol. Cuando hace sol me gusta nadar en la piscina.
44. Está nevando. Cuando nieva me gusta esquiar.
45. Hace viento. Cuando hace viento me gusta caminar en el parque.

CAPÍTULO 7

¿Qué te gustaría hacer?

Quiz 7-1

PRIMER PASO

Maximum Score: 30 points

I. Listening

A. Listen to Juan ask questions or make statements and choose the response that makes the most sense. (10 points)

_____ 1. a. Sí, pero quiero ir a la piscina también.
   b. Sí, me gustaría ir al partido de fútbol.

_____ 2. a. Sí, vamos a la biblioteca a la una.
   b. Sí, quiero estudiar con Alicia.

_____ 3. a. Sí, está en la tienda.
   b. Lo siento, pero está en el centro comercial.

_____ 4. a. No, no me gusta ir al museo.
   b. Sí, me gustan los animales.

_____ 5. a. Claro que sí.
   b. Bueno, llamo más tarde.

SCORE _____

II. Reading

B. Read this telephone conversation between Alfredo and Silvia. Then answer the questions that follow in English. (10 points)

ALFREDO Aló.
SILVIA Buenas tardes. ¿Quién habla?
ALFREDO Habla Alfredo. Hola, Silvia. ¿Quieres venir a mi casa a mirar la televisión y estudiar después?
SILVIA No, gracias. Pilar y yo vamos al parque de atracciones. ¿Quieres ir con nosotras?
ALFREDO Gracias, pero es imposible. Hay un examen de matemáticas mañana y necesito estudiar.
SILVIA Pues, yo no tengo exámenes mañana y no necesito estudiar. El sábado voy al teatro. ¿Quieres ir conmigo?
ALFREDO Sí, ¿a qué hora empieza la obra *(play)*?
SILVIA A las dos. ¿Está bien?
ALFREDO Sí, hasta el sábado. Adiós, Silvia.

6. What does Alfredo invite Silvia to do?

_____

7. Does she accept his invitation?

_____

Nombre _____ Clase _____ Fecha _____

 Quiz 7-1

8. What are Silvia's plans?

   _____

9. Why doesn't Alfredo go with Silvia and Pilar?

   _____

10. What plans are made for Saturday?

    _____

SCORE ☐

III. Writing

C. Read the following telephone conversation between Berta and Francisco and fill in the missing information. (10 points)

11. BERTA   _____.

    FRANCISCO   Hola, Berta. ¿Cómo estás?

    BERTA   ¿Quién habla?

12. FRANCISCO   _____.

13.   ¿_____?

    BERTA   Lo siento, pero Luisa no está.

14.   ¿_____?

    FRANCISCO   Sí. Quiero invitar a Luisa al parque de atracciones este fin de semana. ¿A ti te gustaría ir también? Te invito.

15. BERTA   _____.

    FRANCISCO   ¡Qué bueno! Pues, no olvides *(don't forget)* darle el recado a Silvia. Hasta luego, Berta.

    BERTA   Adiós.

SCORE ☐

TOTAL SCORE ☐ /30

Nombre _____ Clase _____ Fecha _____

¿Qué te gustaría hacer?

SEGUNDO PASO

Quiz 7-2

Maximum Score: 35 points

I. Listening

A. Look at the following pictures. Listen as Arturo tells you something about each of them. Then write the letter of the picture that he describes. (10 points)

1. _____ 2. _____ 3. _____ 4. _____ 5. _____

SCORE ____

II. Reading

B. Read the comic strip. Then indicate who would make each of the following statements by writing **Calvin** or **mamá** in each blank. (10 points)

 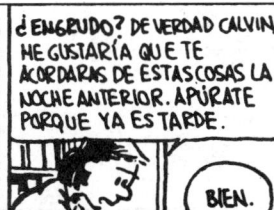  

engrudo *paste*
Apúrate=Date prisa

te acordaras *you would remember*

Te lo pusiste *You put it*
¡Ven para acá! *Come here!*
así *that way*

_____ 6. Necesitas lavarte el pelo y luego peinarte.

_____ 7. Me gusta peinarme el pelo con engrudo.

_____ 8. Voy a tener el pelo más bonito del colegio.

Nombre _____ Clase _____ Fecha _____

Quiz 7-2

_____ 9. Pienso peinarme el pelo así todo el tiempo.

_____ 10. Vamos a lavar tu pelo ahora.

SCORE [ ]

III. Writing

C. Read the following question. Then write sentences in Spanish to complete the questionnaire on grooming. (10 points)

> When does the person indicated usually need to do the following activities — in the morning, afternoon, or evening? Or never?

11. comb your hair (you)

_____

12. take a shower (you)

_____

13. shave (your father)

_____

14. put on makeup (your mother)

_____

15. brush his or her teeth (your friend)

_____

SCORE [ ]

IV. Culture

D. Based on the information in your textbook, answer **a) cierto** or **b) falso** to each statement below. (5 points)

_____ 16. In big cities in Spain and Latin America, public transportation is used by many people.

_____ 17. In Spanish-Speaking countries, people always drive or ride the bus.

SCORE [ ]

TOTAL SCORE [/35]

CAPÍTULO 7 ¿Qué te gustaría hacer?

Quiz 7-3

TERCER PASO

Maximum Score: 35 points

I. Listening

A. First read the responses below. Then you'll hear five invitations. Choose the best response for each invitation. (10 points)

   a. Sí, cómo no. ¿A qué hora empieza el partido?
   b. ¡Qué lástima! Me gusta la música pero tengo que estudiar.
   c. Debo estudiar más, pero no quiero. Tengo mucho sueño.
   d. Lo siento, pero ya tengo planes para el sábado.
   e. Me gustaría cenar contigo, pero estoy muy ocupado en casa ahora.

   1. _____ 2. _____ 3. _____ 4. _____ 5. _____

   SCORE _____

II. Reading

B. Mónica just received an invitation from Severiano for this weekend. Read her note and then answer the questions that follow in English. (10 points)

> Querido Severiano,
> Muchas gracias por invitarme al baile en el colegio este sábado por la noche. ¡Cuánto me gustaría ir! Lo siento, pero este sábado no puedo. Tengo muchas cosas que hacer por la tarde. Mi mamá está enferma, así que tengo que cuidar a mi hermanito. También necesito estudiar para un examen y ayudar en casa. Debo pasar la aspiradora y organizar mi cuarto. Después de hacer todo eso, voy a estar cansada y no voy a tener ganas de salir. Gracias por la invitación. Tal vez otro día, ¿no?
>
> Tu amiga,
> Mónica

6. Where did Severiano invite Mónica to go and on what day?

_____

_____

Nombre _____ Clase _____ Fecha _____

Quiz 7-3

7. What's the main reason Mónica gives for not being able to go?

   _____
   _____

8. Name two things that Mónica has to do on Saturday.

   _____
   _____

9. Is Mónica going to be busy during the dance itself? Explain.

   _____
   _____

10. What does Mónica suggest at the end of her letter?

    _____
    _____

SCORE [ ]

III. Writing

C. You've received a lot of invitations this week! Write a reply in Spanish for each of the cues below. (15 points)

11. You and Catalina are invited to a dance. Accept and ask when it is.

    _____

12. You are invited to a baseball game. Turn down the invitation because you're tired.

    _____

13. Turn down an invitation to go to the theater because you don't feel like going.

    _____

14. You are invited to go swimming. Turn down the invitation because you have to study.

    _____

15. Turn down an invitation to a birthday party because you have other plans.

    _____

SCORE [ ]

TOTAL SCORE [ ] /35

CUMULATIVE SCORE FOR QUIZZES 1–3 [ ] /100

CAPÍTULO 7

Nombre _____ Clase _____ Fecha _____

¿Qué te gustaría hacer?

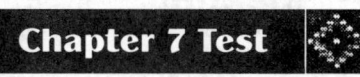

I. Listening

Maximum Score: 24 points

A. Listen to the conversation between Luis and his friend Antonio. Then mark each statement below with **a) cierto** or **b) falso.** (12 points)

_____ 1. Luis y Antonio tienen ganas de ir al parque de atracciones.

_____ 2. Luis no tiene nada que hacer por la mañana.

_____ 3. Antonio no puede ir con Luis por la mañana porque está cansado.

_____ 4. A Antonio le gustaría ir con Luis por la tarde.

SCORE _____

B. It's going to be a busy week for Cristina. Listen to her half of a telephone conversation and write the letter of the place or event you associate with each activity she mentions. (12 points)

a. el museo
b. la casa
c. el lago
d. la fiesta de graduación

5. _____ 6. _____ 7. _____ 8. _____

SCORE _____

¡Ven conmigo! En camino Level 1B, Chapter 7

Testing Program **25**

Nombre _____ Clase _____ Fecha _____

Chapter 7 Test

II. Reading
Maximum Score: 30 points

C. Read the phone conversation below and choose the best answer to the questions that follow. (15 points)

ALONSO   Aló. ¿Está Pedro?
JUAN   Lo siento, pero no está. ¿Puedes llamar más tarde?
ALONSO   Sí, pero tengo prisa. ¿Les gustaría a ustedes venir a mi casa en media hora?
JUAN   ¿Por qué?
ALONSO   Hay una fiesta de cumpleaños a las siete. Es una fiesta de sorpresa para María.
JUAN   Pues, no puedo. Ya tengo planes, pero tal vez Pedro pueda ir.
ALONSO   Favor de decirle a Pedro que hay una fiesta.

Pedro returns Alonso's call.

PEDRO   Aló. ¿Alonso?
ALONSO   Sí, soy yo. ¿Qué hay de nuevo?
PEDRO   Juan dice que hay una fiesta esta noche.
ALONSO   Sí, es para María. ¿Quieres venir?
PEDRO   ¡Cómo no! ¿A qué hora empieza la fiesta?
ALONSO   A las siete.
PEDRO   Pues, primero tengo que ducharme.
ALONSO   Está bien. Chao, hasta las siete.

_____ 9. Alonso is telling Juan about . . .
   a. a party
   b. his plans for the weekend

_____ 10. . . . will not be seeing Alonso this evening
   a. Pedro
   b. Juan

_____ 11. Pedro needs to . . .
   a. shop for new clothes
   b. shower

_____ 12. Juan and Pedro . . .
   a. are either brothers or close friends
   b. have not met yet

_____ 13. . . . is going to get a big surprise soon.
   a. María
   b. Pedro

SCORE [ ]

D. It's Friday evening and Tulio is telling his Aunt Sofía about his plans for tonight. Read their conversation, then mark each statement that follows **a) cierto** or **b) falso**. (15 points)

TÍA SOFÍA ¿Qué piensas hacer esta noche, hijo?
TULIO Jorge, Meche y yo pensamos cenar primero en el Taco Loco y después vamos a ver una película.
TÍA SOFÍA ¿Y a qué hora debes estar en su casa?
TULIO No voy a su casa. Ellos vienen aquí con sus padres a las siete y cuarto porque ellos pasan por aquí cuando van a la reunión de la familia Perea.
TÍA SOFÍA ¿A las siete y cuarto? Pero hijo, ya son las siete. ¿Estás listo?
TULIO No, todavía necesito peinarme.
TÍA SOFÍA ¿No vas a ducharte primero?
TULIO Bueno, sí, tía. Creo que debo ducharme.
TÍA SOFÍA Entonces, ¡date prisa, hombre! Ya es tarde.
TULIO Ah, y tía Sofía, ¿me puede planchar la ropa rápidamente, por favor?
TÍA SOFÍA ¡Plancharte la ropa! ¿En quince minutos? No, hijo, lo siento, pero no puedo… ¡Yo también tengo mis planes para esta noche!

_____ 14. Tulio, Jorge y Meche van al cine esta noche.

_____ 15. Tulio tiene que estar listo en una hora.

_____ 16. La tía Sofía no tiene nada que hacer esta noche.

_____ 17. Tulio necesita ducharse y peinarse.

_____ 18. La tía Sofía va a planchar la ropa de Tulio.

SCORE ____

III. Culture

Maximum Score: 6 points

E. Read the statements below. Based on the information in your textbook, determine whether each statement is **a) cierto** or **b) falso**. (6 points)

_____ 19. There is just one telephone greeting commonly used in Spain and Latin America.

_____ 20. It is common for people to get around cities in Spanish-speaking countries on foot or by using public transportation.

SCORE ____

Nombre _____ Clase _____ Fecha _____

Chapter 7 Test

IV. Writing
Maximum Score: 40 points

F. Using the cues below, write two sentences in Spanish for each picture. In the first sentence, say the person is not yet ready. In the second sentence, say what the person has to do to get ready. (10 points)

21. Ella _____
    _____

22. Él _____
    _____

23. Mis hermanas mayores _____
    _____

24. Yo _____
    _____

25. Tú _____
    _____

SCORE _____

G. Your friend Carolina just invited you to a party next week, but you already have plans. Write a letter of at least four sentences to Carolina. Thank her for inviting you and turn down the invitation and say why. (12 points)

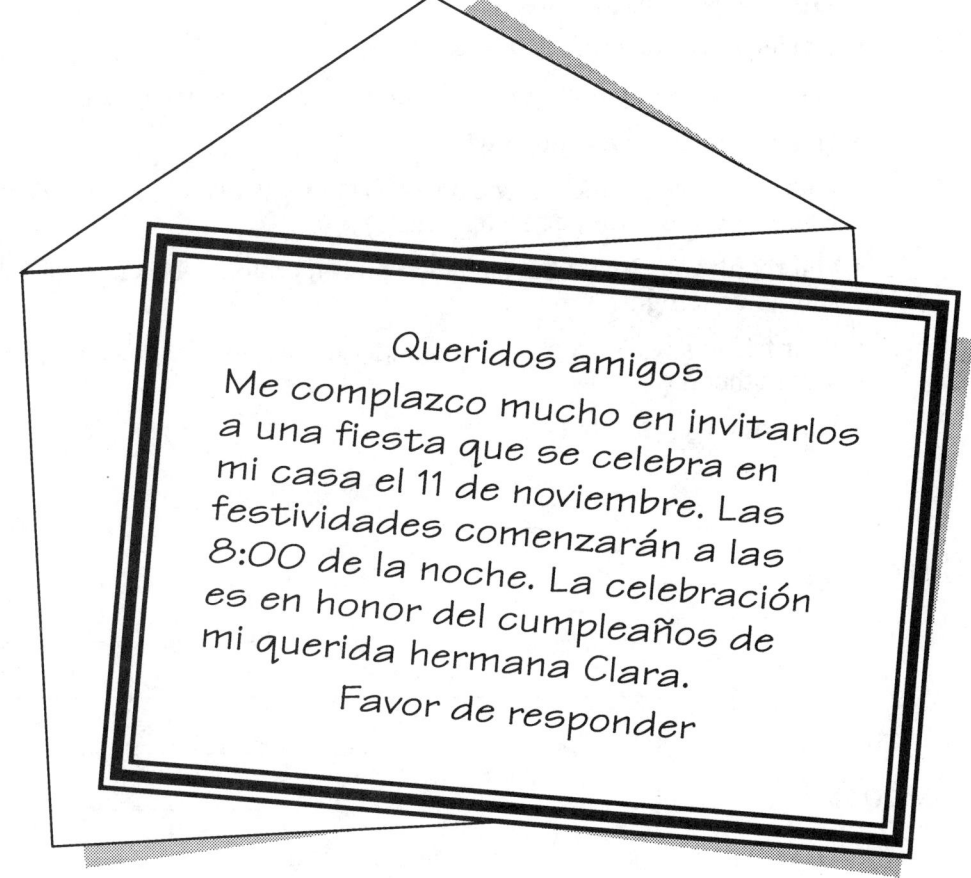

26. _____

Nombre _____ Clase _____ Fecha _____

Chapter 7 Test

H. Write an eight-line phone dialogue in which your friend calls you to invite you to the movies. Your dialogue should include the following: (18 points)

- Typical telephone greetings.
- You ask how the other is doing.
- Your friend asks you if you would like to go to the movies tonight.
- You ask what movie and at what time.
- Your friend says which movie and at what time. (Think of a movie you would like to see and make up a time.)
- You thank your friend but say that you can't make it because you have a lot to do tonight.
- Your friend says it's a shame and suggests that maybe you can go some other day.
- You both say good-bye.

27. TÚ _____

28. AMIGO _____

29. TÚ _____

30. AMIGO _____

31. TÚ _____

32. AMIGO _____

33. TÚ _____

34. AMIGO _____

35. TÚ _____

SCORE ☐

TOTAL SCORE ☐ /100

Nombre _____ Clase _____ Fecha _____

CAPÍTULO 7 Chapter Test Score Sheet

Circle the letter that matches the most appropriate answer.

I. Listening
Maximum Score: 24 points

A. (12 points)

1. a b
2. a b
3. a b
4. a b

SCORE ☐

B. (12 points)

5. a b c d
6. a b c d
7. a b c d
8. a b c d

SCORE ☐

II. Reading
Maximum Score: 30 points

C. (15 points)

9. a b
10. a b
11. a b
12. a b
13. a b

SCORE ☐

D. (15 points)

14. a b
15. a b
16. a b
17. a b
18. a b

SCORE ☐

III. Culture
Maximum Score: 6 points

E. (6 points)

19. a b
20. a b

SCORE ☐

IV. Writing
Maximum Score: 40 points

F. (10 points)

21. _____
_____

¡Ven conmigo! En camino Level 1B, Chapter 7

Nombre _____ Clase _____ Fecha _____

22. _____

23. _____

24. _____

25. _____

G. (12 points)   SCORE ☐

26. _____

H. (18 points)   SCORE ☐

27. TÚ _____
28. AMIGO _____
29. TÚ _____
30. AMIGO _____
31. TÚ _____
32. AMIGO _____
33. TÚ _____
34. AMIGO _____
35. TÚ _____

SCORE ☐

TOTAL SCORE ☐ /100

Listening Scripts for Quizzes

Quiz 7-1 Capítulo 7 Primer paso

I. Listening

    A. 1. ¿Te gustaría jugar al voleibol esta tarde?
          2. ¿Quieres estudiar conmigo?
          3. Me gustaría hablar con Claudia. ¿Está en casa?
          4. ¿Te gustaría ir al zoológico?
          5. Lo siento, pero Benito no está.

Quiz 7-2 Capítulo 7 Segundo paso

I. Listening

    A. 1. El señor Martínez necesita afeitarse todos los días.
          2. Juanita no está lista. Todavía necesita maquillarse.
          3. Gloria tiene que ducharse todas las noches.
          4. El señor Gómez necesita lavarse los dientes.
          5. Luisa va a un baile más tarde; por eso tiene que peinarse.

Quiz 7-3 Capítulo 7 Tercer paso

I. Listening

    A. 1. ¿Tienes ganas de cenar en mi casa esta noche?
          2. ¿Te gustaría ir al partido de béisbol mañana?
          3. ¿Quieres ir a tomar un refresco el sábado?
          4. ¿Tienes que estudiar esta noche?
          5. María quiere ir al concierto. ¿Quieres ir con nosotros?

Answers to Quizzes 7-1, 7-2, 7-3

ANSWERS Quiz 7-1

I. Listening
A. (10 points: 2 points per item)
1. a
2. a
3. b
4. b
5. b

II. Reading
B. (10 points: 2 points per item)
6. Alfredo invites Silvia to come to his house to watch TV and study.
7. No.
8. Silvia is going to the amusement park with Pilar.
9. Alfredo needs to study for a math test.
10. Silvia and Alfredo plan to go to the theater.

III. Writing
C. (10 points: 2 points per item)
Answers will vary. Possible answers:
11. Diga
12. Soy yo, Francisco
13. Puedo hablar con Luisa
14. Quieres dejarle un recado
15. ¡Claro que sí!

ANSWERS Quiz 7-2

I. Listening
A. (10 points: 2 points per item)
1. b
2. d
3. e
4. a
5. c

II. Reading
B. (10 points: 2 points per item)
6. mamá
7. Calvin
8. Calvin
9. Calvin
10. mamá

III. Writing
C. (10 points: 2 points per item)
Answers will vary. Possible answers:
11. Necesito peinarme por la mañana antes de ir al colegio.
12. Necesito ducharme por la noche después de jugar al béisbol.
13. Papá necesita afeitarse por la mañana.
14. Mamá necesita maquillarse por la noche antes de ir a una fiesta.
15. Mi amigo/a necesita lavarse los dientes por la mañana, por la tarde y por la noche.

IV. Culture
D. (5 points: 2 $1/2$ points per item)
16. a   17. b

ANSWERS Quiz 7-3

I. Listening
A. (10 points: 2 points per item)
1. e
2. a
3. d
4. c
5. b

II. Reading
B. (10 points: 2 points per item)
Answers will vary. Possible answers:
6. Severiano invites Mónica to a dance on Saturday night.
7. Mónica has a lot to do on Saturday.
8. Mónica has to vacuum and clean her room.
9. No, but Mónica's probably going to be tired and not interested in going out.
10. She suggests that maybe they can go out some other day.

III. Writing
C. (15 points: 3 points per item)
Answers will vary. Possible answers:
11. Sí, cómo no. ¿Cuándo es?
12. Gracias, pero no puedo porque estoy cansado/a.
13. Lo siento, pero no tengo ganas de ir al teatro esta noche.
14. No puedo porque tengo que estudiar.
15. Gracias, pero no puedo. Ya tengo planes.

Scripts for Chapter Test Capítulo 7

I. Listening

A. 1.   LUIS   Hola, Antonio. ¿Qué tal? Oye, pienso ir al parque de atracciones esta mañana. ¿Te gustaría ir conmigo?

    ANTONIO   Tengo muchas ganas de ir. ¿A qué hora?

2.   LUIS   Tengo que ducharme, organizar mi cuarto, y limpiar la cocina primero. Creo que voy a ir a las once.

3. ANTONIO   ¡Qué lástima! Tengo que ir a mi clase de violín a las once.

4.   LUIS   Tal vez puedo ir por la tarde. ¿Te gustaría ir a las dos?

    ANTONIO   ¡Claro que sí! No tengo nada que hacer esta tarde.

    LUIS   Hasta luego, entonces.

B. 5. ¡Hola, María! Sí, soy yo... ¿Cómo estás?... Yo bien, gracias. Me gusta mucho nadar pero no puedo ir contigo.

6. Tengo muchos quehaceres y tengo que cuidar a mis hermanos.

7. Lo siento, pero el viernes tampoco puedo ir. Voy con mis tíos a ver una exposición de arte moderno.

8. ¿El sábado? También estoy ocupada. Hay una fiesta para mi hermano mayor. Él termina el colegio y va a estudiar en la universidad en septiembre. Sí, creo que el martes es buen día para mí. ¡Qué idea excelente!

Answers to Chapter Test

I. Listening   Maximum Score: 24 points

A. (12 points: 3 points per item)
1. a
2. b
3. b
4. a

B. (12 points: 3 points per item)
5. c
6. b
7. a
8. d

II. Reading   Maximum Score: 30 points

C. (15 points: 3 points per item)
9. a
10. b
11. b
12. a
13. a

D. (15 points: 3 points per item)
14. a
15. b
16. b
17. a
18. b

III. Culture   Maximum Score: 6 points

E. (6 points: 3 points per item)
19. b   20. a

IV. Writing   Maximum Score: 40 points

F. (10 points: 2 points per item)
Answers will vary. Possible answers:
21. Ella no está lista. Tiene que lavarse los dientes.
22. Él no está listo. Tiene que afeitarse.
23. Mis hermanas mayores no estan listas. Tienen que maquillarse.
24. Yo no estoy listo. Tengo que ducharme.
25. Tú no estás listo. Tienes que peinarte.

G. (12 points)
Answers will vary. Possible answer:
26. Querida Carolina, Muchas gracias por la invitación. Lo siento mucho, pero no puedo venir a la fiesta. Ya tengo planes. Voy a salir con mis amigos.

H. (18 points: 2 points per item)
Dialogues will vary. Possible dialogue:
27. ¿Diga?
28. Hola Pablo, ¿cómo estás?
29. Muy bien, ¿y tú?
30. Bien. Oye, ¿quieres ir al cine conmigo?
31. ¿Qué película y a qué hora?
32. Quiero ver (*película*) a las (*hora*).
33. Lo siento, pero no puedo. Tal vez otro día.
34. ¡Qué lástima! Bueno, hasta luego.
35. Hasta mañana.

Nombre _____ Clase _____ Fecha _____

CAPÍTULO 8 — ¡A comer!

Quiz 8-1

PRIMER PASO

Maximum Score: 35 points

I. Listening

A. Listen as Luisa and Roberto talk about what they like to eat for breakfast. As they say what they like, place a check mark in the appropriate box. Not everything they mention is listed here. (10 points)

	Luisa	Roberto
1. huevos		
2. jugo de naranja		
3. leche		
4. pan tostado		
5. tocino		

SCORE _____

II. Reading

B. Marilú likes to go to Restaurante El Rinconcito with Manuel. Complete her conversation by choosing the correct word for each blank from the word box. Not all the words will be used. (10 points)

ocupadas	nos	almuerzan	le	almuerzo
almorzamos		me	para nada	te

Manuel y yo siempre 6. _____ a la una. A veces comemos un

sándwich, pero también 7. _____ encanta la sopa de queso. No

nos gusta la sopa de legumbres 8. _____. Y a ti, ¿qué

9. _____ encanta comer para el 10. _____?

SCORE _____

¡Ven conmigo! En camino Level 1B, Chapter 8

Nombre _____ Clase _____ Fecha _____

Quiz 8-1

III. Writing

C. Follow the cues below to write five sentences about what you eat. (10 points)

11. Describe what you normally eat for breakfast.
   _____

12. Describe what you normally eat for lunch.
   _____

13. Describe what you usually drink for breakfast.
   _____

14. Describe what you usually drink for lunch.
   _____

15. Name a food or drink that you especially love.
   _____

SCORE [ ]

IV. Culture

D. Based on the information in your book, answer **a) cierto** or **b) falso** to each statement. (5 points)

_____ 16. Fruits and vegetables often have various names in different Spanish-speaking countries.

_____ 17. Lunch in Spanish-speaking countries is a light meal consisting of soup or a sandwich.

SCORE [ ]

TOTAL SCORE [ ] /35

CAPÍTULO 8 — ¡A comer!

Nombre _____ Clase _____ Fecha _____

SEGUNDO PASO

Quiz 8-2
Maximum Score: 30 points

I. Listening

A. Mario is asking you some questions. Find the logical answer and write the letter of your choice. (10 points)

_____ 1. a. Almuerzo a las doce.
b. Un sándwich de crema de maní y jalea.
c. Prefiero tomar agua.

_____ 2. a. No tengo sed.
b. Me gusta mucho el queso.
c. Me encanta la limonada.

_____ 3. a. Está salada.
b. Está solo.
c. Está en la cocina.

_____ 4. a. un postre delicioso
b. un perro caliente con papitas
c. huevos

_____ 5. a. Sí, pero un poco salada.
b. Sí, está frío.
c. Sí, tengo mucha sed.

SCORE [ ]

II. Reading

B. Raquel is taking care of her little brother Miguel. Read their conversation and then respond to each statement that follows with **a) cierto** or **b) falso**. (10 points)

RAQUEL Bueno, Miguel, aquí tienes una sopa de legumbres muy deliciosa. Y también un sándwich de atún. Si comes todo tu almuerzo, te sirvo una galleta de postre.

MIGUEL Ay, Raquel, no me gusta esta sopa. Está muy picante. Y no me gusta el atún. Almuerzo todos los días con un sándwich de crema de maní con jalea. Me encanta comer la crema de maní con jalea porque es dulce y salada.

RAQUEL Pues, no hay. Mamá está en el supermercado. Te encanta la leche, ¿verdad? Aquí tienes un vaso bien frío.

_____ 6. A Miguel le gusta todo tipo de comida.

_____ 7. A Miguel le encanta la comida picante.

_____ 8. Raquel está cuidando a su hermano durante la hora del desayuno.

_____ 9. A Miguel no le gusta la comida que Raquel le sirve hoy.

_____ 10. Raquel y Miguel van al supermercado para comprar crema de maní, leche y jalea.

SCORE [ ]

Nombre _____ Clase _____ Fecha _____

Quiz 8-2

III. Writing

C. At the restaurant, you have been served soup, salad, and tea. The waiter now wants to know if your food is all right. Use the cues below to write a five-sentence dialogue between you and the waiter. (10 points)

11. The waiter asks you how the soup is.

    CAMARERO _____

12. You tell him it's salty and cold.

    TÚ _____

13. The waiter asks how the salad is.

    CAMARERO _____

14. You tell him it's delicious.

    TÚ _____

15. You tell him you don't want a dessert.

    TÚ _____

SCORE ☐

TOTAL SCORE ☐ /30

CAPÍTULO 8

¡A comer!

Quiz 8-3

TERCER PASO

Maximum Score: 35 points

I. Listening

A. Rosita is working as a waitress in a restaurant. The people at the table she's waiting on right now want to know the prices of various items. As Rosita answers, write the price for each item. (10 points)

COMIDA   PRECIO

1. _____ sucres

2. _____ sucres

3. _____ sucres

4. _____ sucres

5. _____ sucres

SCORE [ ]

II. Reading

B. The restaurant you're in is so noisy that you and the waitperson keep hearing what's said at other tables. Show what you and the waitperson really say to each other by choosing the right letter. (10 points)

_____ 6. ¿Qué le puedo traer?
   a. Primero quisiera la ensalada de fruta.
   b. Es aparte. No está incluida.

_____ 7. Camarera, hay una mosca *(fly)* en el té. ¿Me trae otro vaso, por favor?
   a. ¡Claro que sí!
   b. ¿Cuánto es?

_____ 8. ¿Qué legumbre quiere?
   a. La cuenta, por favor.
   b. El maíz, por favor.

Nombre _____ Clase _____ Fecha _____

Quiz 8-3

_____ 9. ¿Desea algo más?
  a. ¿Es aparte la propina?
  b. Quisiera un postre, por favor.

_____ 10. La cuenta, por favor.
  a. Muy bien. La propina está incluida.
  b. Prefiero la sopa del día.

SCORE [ ]

III. Writing

C. The waitperson is taking your order. Write five sentences to complete the following. (10 points)

CAMARERA ¿Qué le puedo traer?

11. TÚ _____

CAMARERA ¿Y qué legumbres quiere?

12. TÚ _____

CAMARERA ¿Quiere una ensalada?

13. TÚ _____

CAMARERA Y para tomar, ¿prefiere té frío o un refresco?

14. TÚ _____

CAMARERA ¿Algo más?

15. TÚ _____

SCORE [ ]

IV. Culture

D. Based on the information in your book, mark each statement **a) cierto** or **b) falso**. (5 points)

_____ 16. Many people in Spanish-speaking countries do not switch the fork to the right hand after cutting food.

_____ 17. In Ecuador, families eat in restaurants very often.

SCORE [ ]

TOTAL SCORE [ ] /35

CUMULATIVE SCORE FOR QUIZZES 1–3 [ ] /100

CAPÍTULO 8

¡A comer!

Chapter 8 Test

I. Listening

Maximum Score: 22 points

A. Listen as a group of friends talk about what they want for lunch. Match each person with what he or she says. (8 points)

a. Victoria   b. Héctor   c. Lupe   d. Sebastián

1. _____
2. _____
3. _____
4. _____

SCORE [ ]

B. Carmen and her cousin Miguel have gone to a restaurant for lunch. Listen to the conversation between them and their waiter. Then indicate what each of them had to eat by putting **a)** for **Carmen** or **b)** for **Miguel** next to each of the following. (14 points)

_____ 5. arroz con pollo _____ 9. leche

_____ 6. agua mineral _____ 10. un sándwich

_____ 7. flan _____ 11. sopa

_____ 8. helado de chocolate

SCORE [ ]

¡Ven conmigo! En camino Level 1B, Chapter 8   Testing Program **43**

Nombre _____ Clase _____ Fecha _____

Chapter 8 Test

II. Reading

Maximum Score: 30 points

C. Carlos is writing about his trip to a restaurant. Read Carlos's story and answer the questions which follow it. (10 points)

> Hoy estamos en el restaurante "La Margarita". Son las doce y media y estoy con mis amigos José, Carmen, Luisa y Juan Luis. Nos gusta mucho salir a comer a los restaurantes de la ciudad. Carmen dice que la comida de aquí siempre es muy rica. Hoy tienen muchos platos deliciosos. Hay también una camarera simpática. La mesa está cerca de la puerta y es muy grande. A mí me encanta la comida española.
>
> La camarera nos trae el menú y nos pregunta qué vamos a pedir. Las chicas quieren una ensalada porque hace mucho calor. La ensalada tiene uvas, toronjas y naranjas. ¡Qué rica! Juan Luis pide jamón con legumbres y José pide sopa de cebolla. Yo quiero la carne de res con arroz y maíz. De postre las chicas y José no quieren nada, pero yo como pastel de chocolate y a Juan Luis le gusta el flan. Después del postre, pagamos la cuenta y salimos a divertirnos toda la tarde.

_____ 12. Los chicos tienen una mesa para...
   a. desayunar
   b. almorzar
   c. cenar

_____ 13. Van al restaurante "La Margarita" porque...
   a. está cerca de la casa de Carlos
   b. Carmen dice que la comida es buena
   c. no tienen mucho tiempo

_____ 14. Las chicas prefieren algo...
   a. frío
   b. caliente
   c. picante

_____ 15. De postre, Carlos pide...
   a. pastel
   b. flan
   c. helado

_____ 16. Los chicos comen en un restaurante...
   a. durante un día de colegio
   b. durante las vacaciones o un fin de semana
   c. antes de ir al colegio

SCORE ____

Nombre _____ Clase _____ Fecha _____

Chapter 8 Test

D. Read the following recipe. Then complete the sentences that follow. (6 points)

Burritos con queso

INGREDIENTES:
- tortillas de maíz
- jamón cocido
- queso
- salsa picante
- lechuga
- tomate

1. Pon el jamón y queso en las tortillas. Dobla *(fold)* las tortillas.
2. Calienta las tortillas.
3. Sirve los burritos con lechuga, tomates y salsa picante.

_____ 17. **Burritos con queso** son una buena comida para ti si...
  a. no comes carne
  b. te gusta la comida picante
  c. te gustan las legumbres

_____ 18. Esta comida...
  a. es fácil de preparar
  b. se puede preparar sólo si hay mucho tiempo
  c. es difícil de preparar

_____ 19. Para servir esta comida, se necesita...
  a. un plato hondo y una cuchara
  b. un vaso y una cuchara
  c. un plato y una servilleta

SCORE _____

¡Ven conmigo! En camino Level 1B, Chapter 8

Nombre _____ Clase _____ Fecha _____

Chapter 8 Test

E. Mrs. Santos and her son Carlos are ordering lunch at a restaurant. Complete their conversation with the words from the word bank. Use each word only once. (14 points)

trae	cuenta	me	hambre	le
nos		almuerzo	otra	

SEÑORA SANTOS   Me gustaría pedir los camarones, por favor.

CARLOS   Yo no tengo mucha 20. _____. Por lo general, 21. _____ a las dos. Quiero algo ligero.

CAMARERO   Pues, señor, tenemos algunas ensaladas buenísimas hoy. ¿Le gustaría una?

CARLOS   Claro. ¿Me 22. _____ una de frutas frescas, por favor? Y una limonada.

CAMARERO   Está bien. ¿Y usted, señora? ¿Desea algo para beber?

SEÑORA SANTOS   Sí, para mí, un té frío. Perdón, señor, pero necesito 23. _____ cuchara. Esta cuchara está sucia.

CAMARERO   Ahora mismo. ¿24. _____ gustaría un postre?

CARLOS   No, gracias. 25. _____ encantan los postres, pero estoy a dieta.

CAMARERO   ¿Y usted, señora?

SEÑORA SANTOS   Sí, por favor. ¿Me puede traer unas galletas y después la 26. _____?

SCORE _____

III. Culture

Maximum Score: 8 points

F. Read the statements below. Based on the information in your textbook, mark each statement **a) cierto** or **b) falso**. (8 points)

_____ 27. **Tortilla española** is a pancake-like bread made out of corn.

_____ 28. Most food in Spanish-speaking countries is not spicy.

_____ 29. Throughout Spain and Latin America, fruits and vegetables are called by the same name.

_____ 30. The "typical dish" in Spain and Latin America varies from country to country.

SCORE _____

Nombre _____ Clase _____ Fecha _____

Chapter 8 Test

IV. Writing
Maximum Score: 40 points

G. Write a conversation between the waiter and Carolina. Use the cues below. (18 points)

31. The waiter asks Carolina how the soup is.

    CAMARERO _____

    _____

32. Carolina says she doesn't like the soup at all.

    CAROLINA _____

    _____

33. The waiter asks Carolina why she doesn't like the soup.

    CAMARERO _____

    _____

34. Carolina says her soup is cold and salty.

    CAROLINA _____

    _____

35. The waiter asks if he can bring her anything else.

    CAMARERO _____

    _____

36. Carolina says no and thanks the waiter.

    CAROLINA _____

    _____

SCORE [ ]

Nombre _____ Clase _____ Fecha _____

 Chapter 8 Test

H. Write a paragraph of at least six sentences describing your favorite meal of the day. Explain what foods you like to eat and tell why you like each one. (12 points)

37. _____

_____

_____

_____

_____

_____

_____

SCORE _____

I. You and your friend have just finished eating in an Ecuadorean restaurant. You now need to pay the bill in **sucres** *(Ecuadorean money)*. Write five sentences in Spanish for the following situation. Use the cues below. Write the numbers as words. (10 points)

38. Your friend asks for the bill.

  TU AMIGO _____

  _____

39. You ask your friend how much the bill is.

  TÚ _____

  _____

40. Your friend says it's 44.480 **sucres.**

  TU AMIGO _____

  _____

41. You ask if the tip is included.

  TÚ _____

  _____

42. Your friend says it is separate. It's 6.600 **sucres.**

  TU AMIGO _____

  _____

SCORE _____

Nombre _____ Clase _____ Fecha _____

CAPÍTULO 8 Chapter Test Score Sheet

Circle the letter that matches the most appropriate response.

I. Listening
Maximum Score: 22 points

A. (8 points)   **B.** (14 points)

1. a b c d   5. a b   10. a b
2. a b c d   6. a b   11. a b
3. a b c d   7. a b
4. a b c d   8. a b
                   9. a b

SCORE ☐   SCORE ☐

II. Reading
Maximum Score: 30 points

C. (10 points)   **D.** (6 points)   **E.** (14 points)

12. a b c   17. a b c   20. _____
13. a b c   18. a b c   21. _____
14. a b c   19. a b c   22. _____
15. a b c   23. _____
16. a b c   24. _____
                                       25. _____
                                       26. _____

SCORE ☐   SCORE ☐   SCORE ☐

III. Culture
Maximum Score: 8 points

F. (8 points)

27. a b
28. a b
29. a b
30. a b

SCORE ☐

¡Ven conmigo! En camino Level 1B, Chapter 8   Testing Program **49**

HRW material copyrighted under notice appearing earlier in this work.

Nombre _____ Clase _____ Fecha _____

IV. Writing

Maximum Score: 40 points

G. (18 points)

31. CAMARERO _____

32. CAROLINA _____

33. CAMARERO _____

34. CAROLINA _____

35. CAMARERO _____

36. CAROLINA _____

SCORE [ ]

H. (12 points)

37. _____

SCORE [ ]

I. (10 points)

38. _____
39. _____
40. _____
41. _____
42. _____

SCORE [ ]

TOTAL SCORE [ ] /100

50 Testing Program

¡Ven conmigo! En camino Level 1B, Chapter 8

Listening Scripts for Quizzes

Quiz 8-1 Capítulo 8 Primer paso

I. Listening

A. LUISA Roberto, ¿qué te gusta para el desayuno?
    ROBERTO Me encantan los huevos con tocino. ¿Y a ti?
    LUISA A mí me gusta el pan tostado o el pan dulce, y para beber me gusta la leche. Y tú, ¿qué prefieres tomar?
    ROBERTO Prefiero el jugo de naranja. También me gustan mucho las frutas, especialmente las toronjas.

Quiz 8-2 Capítulo 8 Segundo paso

I. Listening

A. 1. ¿Qué comes cuando tienes hambre?
    2. ¿Qué tomas cuando tienes sed?
    3. ¿Cómo está la sopa hoy?
    4. ¿Qué hay para el desayuno?
    5. La ensalada está deliciosa, ¿no?

Quiz 8-3 Capítulo 8 Tercer paso

I. Listening

A. 1. CLIENTE 1 ¿Cuánto son los batidos?
       ROSITA Son tres mil doscientos sucres cada uno.
    2. CLIENTE 2 ¿Y la sopa? ¿Cuánto es?
       ROSITA La sopa es trece mil quinientos sucres.
    3. CLIENTE 3 Quisiera saber cuánto es el bistec.
       ROSITA El bistec cuesta dieciocho mil cuatrocientos sucres.
    4. CLIENTE 4 ¿Y cuánto es la ensalada?
       ROSITA ¿La ensalada? A ver. La ensalada es ocho mil seiscientos sucres.
    5. CLIENTE 5 Dígame, por favor, ¿cuánto es el pollo?
       ROSITA El pollo es diecisiete mil setecientos cincuenta sucres.

Answers to Quizzes 8-1, 8-2, 8-3

ANSWERS Quiz 8-1

I. Listening
A. (10 points: 2 points per item)

		Luisa	Roberto
1.	huevos		✔
2.	jugo de naranja		✔
3.	leche	✔	
4.	pan tostado	✔	
5.	tocino		✔

II. Reading
B. (10 points: 2 points per item)
6. almorzamos
7. nos
8. para nada
9. te
10. almuerzo

III. Writing
C. (10 points: 2 points per item)
Answers will vary. Possible answers:
11. Para el desayuno como cereal con leche.
12. Para el almuerzo como un sándwich y papitas.
13. Para el desayuno tomo un vaso de jugo.
14. Para el almuerzo tomo un vaso de leche.
15. Me encanta el tocino.

IV. Culture
D. (5 points: 2 1/2 points per item)
16. a
17. b

ANSWERS Quiz 8-2

I. Listening
A. (10 points: 2 points per item)
1. b
2. c
3. a
4. c
5. a

II. Reading
B. (10 points: 2 points per item)
6. b
7. b
8. b
9. a
10. b

III. Writing
C. (10 points: 2 points per item)
Answers will vary. Possible answers:
11. ¿Cómo está la sopa?
12. Está un poco salada y fría.
13. ¿Cómo está la ensalada?
14. Está deliciosa.
15. No me gustaría nada de postre.

ANSWERS Quiz 8-3

I. Listening
A. (10 points: 2 points per item)
1. 3.200
2. 13.500
3. 18.400
4. 8.600
5. 17.750

II. Reading
B. (10 points: 2 points per item)
6. a
7. a
8. b
9. b
10. a

III. Writing
C. (10 points: 2 points per item)
Answers will vary. Possible answers:
11. ¿Me puede traer el arroz con pollo, por favor?
12. Quisiera las zanahorias.
13. No, gracias.
14. Prefiero tomar un refresco.
15. ¿Me puede traer un poco de pan, por favor?

IV. Culture
D. (5 points: 2 1/2 points per item)
16. a
17. b

Scripts *for* Chapter Test Capítulo 8

I. Listening

A. 1. **LUPE** Me encanta el arroz con pollo y legumbres.
    2. **VICTORIA** De almuerzo quiero un sándwich de crema de maní y jalea. También quisiera una manzana.
    3. **HÉCTOR** Para mí un perro caliente, papitas y un vaso de té frío.
    4. **SEBASTIÁN** Me gustaría la sopa, un sándwich y un vaso de leche descremada.

B. **CARMEN** Muy bien. Creo que voy a pedir la sopa primero. ¿Luego me trae el arroz con pollo, por favor? Y para beber quisiera un vaso de leche descremada.
    CAMARERO ¿Y para usted, señor?
    MIGUEL Yo quiero un sándwich de jamón y queso. Póngame, por favor, mostaza, lechuga y tomate.
    CAMARERO Muy bien, señor. ¿Y qué desea para tomar?
    MIGUEL Para tomar, un agua mineral, por favor.
    CAMARERO ¿Desean postre?
    MIGUEL Sí. De postre, quisiera un flan, por favor.
    CARMEN A mí me gustaría el helado de chocolate.

Answers to Chapter Test

I. Listening Maximum Score: 22 points

A. (8 points: 2 points per item)
1. c
2. a
3. b
4. d

B. (14 points: 2 points per item)
5. a
6. b
7. b
8. a
9. a
10. b
11. a

II. Reading Maximum Score: 30 points

C. (10 points: 2 points per item)
12. b
13. b
14. a
15. a
16. b

D. (6 points: 2 points per item)
17. b
18. a
19. c

E. (14 points: 2 points per item)
20. hambre
21. almuerzo
22. trae
23. otra
24. Le
25. Me
26. cuenta

III. Culture Maximum Score: 8 points

F. (8 points: 2 points per item)
27. b
28. a
29. b
30. a

IV. Writing Maximum Score: 40 points

G. (18 points: 3 points per item)
Answers will vary. Possible answers:
31. ¿Cómo está la sopa?
32. ¡Ay! No me gusta la sopa para nada.
33. ¿Por qué no le gusta?
34. Está fría y salada.
35. ¿Le puedo traer algo más?
36. No gracias.

H. (12 points)
Answers will vary. Possible answer:
37. Mi comida favorita es el desayuno. Me gusta mucho comer huevos y tocino. Me gusta el tocino porque es muy salado. Me gustan los huevos porque son ricos. Para tomar, me gusta el jugo de naranja porque es muy dulce.

I. (10 points: 2 points per item)
Answers will vary. Possible answers:
38. La cuenta, por favor.
39. ¿Cuánto es?
40. Cuarenta y cuatro mil cuatrocientos ochenta sucres.
41. ¿Está incluida la propina?
42. Es aparte. La propina es seis mil seiscientos sucres.

Nombre _____ Clase _____ Fecha _____

CAPÍTULO 9

¡Vamos de compras!

Quiz 9-1

PRIMER PASO

Maximum Score: 30 points

I. Listening

A. Listen as Juanita tells her friend Carola what presents she plans to give her family members. Choose the store that she needs to go to in order to purchase each gift. Write the letter of the store beside the name of the person. (10 points)

_____ 1. mamá

_____ 2. su hermana

_____ 3. su abuela

_____ 4. Paco

_____ 5. papá

a. JUGUETERÍA   b. FLORERÍA   c. ZAPATERÍA   d. JOYERÍA   e. ALMACÉN

SCORE _____

II. Reading

B. Everyone in the Villarreal family is looking for a birthday present for someone. They've just moved, so they're not sure where to go. Read their statements and questions and choose the correct response to each. (6 points)

_____ 6. Tengo que comprar un collar.

_____ 7. ¿Dónde está la panadería?

_____ 8. A mi madre le gusta escuchar música clásica.

_____ 9. ¿Para quién es el regalo?

_____ 10. ¿Me puede decir dónde puedo comprar un juego de mesa para Arturo?

_____ 11. Prefiero regalarle una planta a mi abuela.

a. Es para mi padre.
b. Está al lado de la dulcería.
c. Debes ir a la florería que está a dos cuadras de aquí.
d. En la zapatería cerca del almacén.
e. Necesitas ir a la joyería.
f. En la Juguetería García. Está cerca de la panadería.
g. Pues, debes comprarle un disco compacto.

SCORE _____

¡Ven conmigo! En camino Level 1B, Chapter 9

Testing Program **55**

Nombre _____ Clase _____ Fecha _____

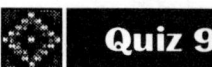

III. Writing

C. Using the cues, write a sentence in Spanish saying what the first person plans to give to the second person. (10 points)

MODELO   My uncle/my cousin/tennis shoes
Mi tío piensa regalarle unos zapatos de tenis a mi primo.

12. My parents/my sister/earrings _____

13. I/my father/wallet _____

14. My grandfather/my brothers and sisters/T-shirts _____

15. My father/my mother/necklace _____

16. My older brother/my younger brother/toys _____

SCORE ____

IV. Culture

D. Based on the information in your book, respond with **a) cierto** or **b) falso** to the following statements. (4 points)

____ 17. It's common for people in Spanish-speaking countries to go grocery shopping every day.

____ 18. There aren't any large supermarkets in Spanish-speaking countries, only small specialty stores.

SCORE ____

TOTAL SCORE ____ /30

CAPÍTULO 9

¡Vamos de compras!

SEGUNDO PASO

Quiz 9-2

Maximum Score: 35 points

I. Listening

A. You and Rosa are at a come-as-you-are party, and she keeps talking about people you don't know. You ask her to identify each one by describing what each person is wearing. Write the letter of the person being described. (10 points)

1. _____ 2. _____ 3. _____ 4. _____ 5. _____

SCORE _____

II. Reading

B. Read how various people respond to the questions about their clothing when asked by Rodolfo. If their answers are logical, write **sí**. If not, write **no**. (12 points)

_____ 6. ¿Qué ropa llevas cuando hace calor?
Llevo unos pantalones cortos y un suéter de lana.

_____ 7. ¿Qué ropa llevas cuando vas a un baile formal?
Llevo un vestido de seda y zapatos bonitos.

_____ 8. ¿Qué ropa llevas en el invierno cuando hace frío?
Prefiero llevar una chaqueta de lana, pantalones largos y botas.

_____ 9. ¿Qué llevas cuando trabajas en la oficina?
Llevo pantalones, sandalias, corbata y chaqueta.

_____ 10. ¿Qué ropa llevas para ir a la piscina?
Por lo general, llevo traje de baño, un cinturón de cuero y sandalias.

_____ 11. ¿Qué llevas cuando vas al colegio?
Llevo unos pantalones, una camisa y zapatos.

SCORE _____

¡Ven conmigo! En camino Level 1B, Chapter 9

Testing Program **57**

Nombre _____ Clase _____ Fecha _____

Quiz 9-2

III. Writing

C. For each pair of illustrations, write a complete sentence in Spanish comparing the two things using words like **caro, cómodo, formal, barato, feo**. (9 points)

12. 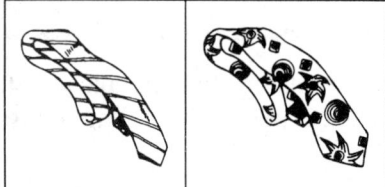 _____

13. 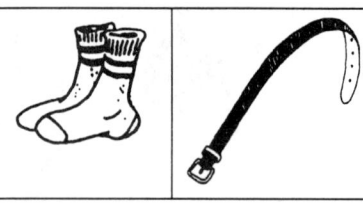 _____

14. 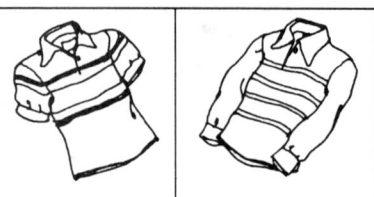 _____

SCORE ☐

IV. Culture

D. Based on the information in your textbook, answer **a) cierto** or **b) falso** to each statement. (4 points)

_____ 15. In Spanish-speaking countries, wearing clean, well-ironed clothes in public is very important.

_____ 16. It's common for people in Spanish-speaking countries to comb their hair and put on makeup in public.

SCORE ☐

TOTAL SCORE ☐ /35

Nombre _____ Clase _____ Fecha _____

¡Vamos de compras!

TERCER PASO

Quiz 9-3

Maximum Score: 35 points

I. Listening

A. Guillermo is asking you some questions. Find the logical answer and write the letter of your choice. (10 points)

1. _____
   a. El de lana es muy bonito.   b. Me queda bien esta falda.   c. Prefiero la roja porque te queda bien.

2. _____
   a. No me quedan bien.   b. ¡$56.00! Son caros.   c. Los pardos son más baratos.

3. _____
   a. Es caro. ¡Qué robo!   b. Me queda muy bien.   c. El collar es muy bonito.

4. _____
   a. No. Son blancas.   b. Sí, y son muy baratas.   c. Sí, y son negras.

5. _____
   a. Son muy caros.   b. Te quedan muy bien.   c. Prefiero los negros.

SCORE _____

II. Reading

B. Look at the pictures and sentences below. Write the letter of the picture that best corresponds to each sentence. (10 points)

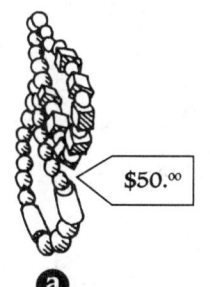   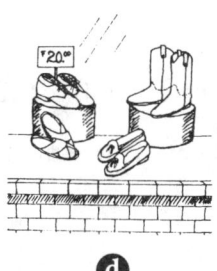 

a. b. c. d. e.

_____ 6. Te quedan muy bien los cuadros.

_____ 7. ¡Qué ganga es este collar!

_____ 8. No me gustan ésas. ¡Qué robo!

_____ 9. ¿Te gustan las rayas?

_____ 10. Busco unos zapatos baratos de cuero.

SCORE _____

¡Ven conmigo! En camino Level 1B, Chapter 9   Testing Program **59**

Nombre _____ Clase _____ Fecha _____

Quiz 9-3

III. Writing

C. You're shopping at a department store in Caracas. Write a sentence in Spanish for each of the following situations. (9 points)

How would you . . .?

11. say you prefer this green dress to that blue one and tell why

   _____

   _____

12. ask how much those black sandals cost

   _____

   _____

13. say that you like these shorts because they fit you well

   _____

   _____

SCORE [ ]

IV. Culture

D. Based on the information in your book, respond with **a) cierto** or **b) falso** to the following statements. (6 points)

_____ 14. The monetary unit for all countries in Latin America is the **peso**.

_____ 15. Currency in Latin American countries is sometimes named for people.

SCORE [ ]

TOTAL SCORE [ ] /35

CUMULATIVE SCORE FOR QUIZZES 1–3 [ ] /100

¡Ven conmigo! En camino Level 1B, Chapter 9

Nombre _____ Clase _____ Fecha _____

CAPÍTULO 9
¡Vamos de compras!

Chapter 9 Test

I. Listening
Maximum Score: 30 points

A. Listen as several friends talk about the clothes they need. Based on what they need, decide what kind of event or place they must be going to: **a) un baile formal, b) la piscina, c) el colegio,** or **d) un viaje a Nueva York en el invierno**. Write the letter of the place or event that is most appropriate for the clothing mentioned. You'll use one of the places or events more than once. (15 points)

1. ____ 2. ____ 3. ____ 4. ____ 5. ____   SCORE ____

B. Rogelio is a Chilean student visiting his cousin in Mexico. Listen as he and his cousin Chantal discuss different gifts Rogelio would like to take home to his family. Then find the best answer to the statements that follow. (15 points)

____ 6. Write the letter of the store where Rogelio will probably buy a gift for his brother.

____ 7. Write the letter of the store where Rogelio and Chantal are looking in the window.

____ 8. Rogelio decides on the brown sandals instead of the white sandals because they are . . .
   a. more comfortable   c. more fashionable
   b. prettier

____ 9. Write the letter of the store where Rogelio will buy a gift for his parents.

____ 10. Chantal is happy with her gift because it's . . .
   a. expensive   c. her favorite
   b. cheaper

a) JUGUETERÍA b) FLORERÍA c) ZAPATERÍA d) JOYERÍA e) DULCERÍA

SCORE ____

Nombre _____ Clase _____ Fecha _____

Chapter 9 Test

II. Reading
Maximum Score: 27 points

C. Mariana called her grandmother throughout the day to let her know where she was and what she was doing. Mariana left messages because her grandmother was busy. Help put the messages in the correct order in the blanks below. (15 points)

   a. Después de comprar en dos tiendas, voy a almorzar en el restaurante que está a una cuadra de allí.
   b. Luego voy a comprar unos libros para el colegio porque la librería está al lado de la joyería.
   c. Por la mañana, voy a comprar unos aretes para mi hermana.
   d. Ya no tengo hambre y voy a comprarles a mis padres una planta en la florería.
   e. Necesito comprar unos regalos para mi familia.

11. _____

12. _____

13. _____

14. _____

15. _____

SCORE [   ]

D. Read the conversation between Juan and Tomás as they go shopping for gifts. Then complete the sentences on page 63 by choosing the correct letter for each. (12 points)

TOMÁS   Hola, Juan. ¿Qué tal?

JUAN   Bien, gracias. ¿Adónde vas?

TOMÁS   Al centro. Tengo que ir de compras. ¿Quieres ir conmigo?

JUAN   Claro. ¿Qué vas a comprar?

TOMÁS   Mi prima Marta tiene su cumpleaños el jueves y le quiero regalar algo especial.

JUAN   ¿Qué piensas darle?

TOMÁS   No sé. ¿Tienes alguna idea?

JUAN   ¿Qué le gusta hacer? ¿Le gusta nadar, leer o escuchar música?

TOMÁS   Los tres, pero le gusta más nadar. Tal vez le compro un traje de baño. Vamos a buscarlo en el almacén del centro.

JUAN   Está bien. ¿Dónde está la tienda? ¿Cerca o lejos?

Nombre _____ Clase _____ Fecha _____

Chapter 9 Test

TOMÁS Bastante cerca, al lado de la juguetería.

JUAN Bueno, yo necesito algo para mi hermano. Prefiero regalarle un juego de mesa, pero no tengo mucho dinero. Por eso necesito comprar un regalo bastante barato.

En la tienda

TOMÁS Perdón, señorita. ¿Cuánto cuesta este traje de baño rojo?

EMPLEADA ¿El rojo? El precio es $62.00.

TOMÁS ¡Qué caro! ¿Y el morado?

EMPLEADA Cuesta sólo $45.00.

TOMÁS Cuesta demasiado. Pues, tengo que buscar algo diferente.

JUAN ¿Por qué no buscas una blusa o un cinturón?

TOMÁS Una blusa sí, pero a ella no le gustan los cinturones. Por allí hay unas blusas bonitas. ¡Vámonos!

JUAN Aquí está una blusa de rayas que no cuesta mucho. ¿Te gusta? Es perfecta para el verano.

TOMÁS Sí, pero prefiero la blusa anaranjada que es más barata. ¿Cuánto es?

EMPLEADA Esa blusa no cuesta mucho. Es una ganga.

TOMÁS Muy bien. Quiero comprarla.

16. Tomás is looking for clothing that can be worn _____.
    a. year-round
    b. in the winter
    c. in the summer

17. In choosing a gift, Juan takes into consideration _____.
    a. only price
    b. price and what the person likes to do
    c. only what the person likes to do

18. Tomás _____.
    a. doesn't like belts
    b. has a limited amount of money
    c. likes both music and swimming

19. The gift Tomás decides to give his cousin is a _____.
    a. blouse
    b. swimsuit
    c. board game

SCORE ____

Nombre _____ Clase _____ Fecha _____

Chapter 9 Test

III. Culture

Maximum Score: 9 points

E. Read the statements below. Based on the information in your textbook, determine whether the statements are **a) cierto** or **b) falso**. (9 points)

_____ 20. Everyone in Spanish-speaking countries goes grocery shopping only once or twice a month.

_____ 21. People in Spanish-speaking countries usually wear clean and well-ironed clothes when they go out in public.

_____ 22. Shoppers in Spanish-speaking countries often enjoy grocery shopping in small specialty stores where they can buy fresh food and talk with their neighbors.

SCORE

IV. Writing

Maximum Score: 34 points

F. Look at the items below. Using the prices shown, write a sentence in Spanish comparing the first item to the second. Say whether it is more expensive, less expensive, or the same price. (12 points)

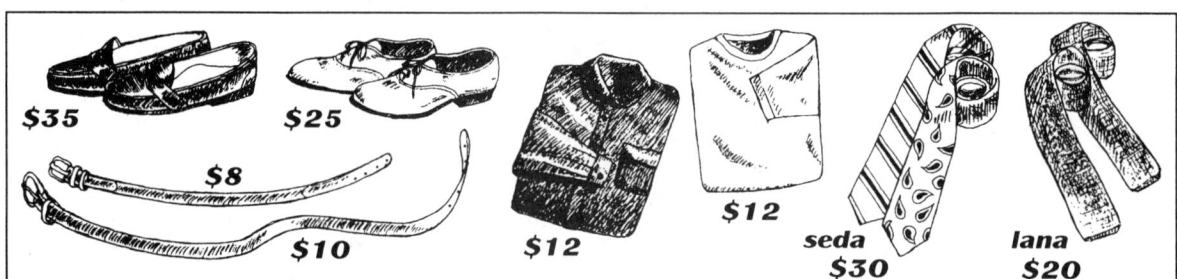

23. los zapatos negros/los zapatos blancos

_____

_____

24. el cinturón corto/el cinturón largo

_____

_____

Chapter 9 Test

25. la camiseta blanca/la blusa negra

26. las corbatas de seda/las corbatas de lana

SCORE ☐

G. Rebeca and Tina are shopping for summer clothes. Write a dialogue in Spanish using the cues. (10 points)

27. Rebeca says she likes this red shirt more than that blue one.

28. Tina tells Rebeca she looks good in the red blouse.

29. Rebeca asks Tina if she's going to buy something for her cousins.

30. Tina says she's going to buy them a CD.

31. Rebeca asks Tina why she doesn't give them a game.

SCORE ☐

Nombre _____ Clase _____ Fecha _____

Chapter 9 Test

H. Write a paragraph of at least six sentences describing what clothes you like to wear when you go to a party, to school, and to the beach. Include colors and a complete outfit for each occasion in your description. (12 points)

32. _____

_____

_____

_____

_____

_____

_____

_____

_____

_____

_____

_____

_____

_____

SCORE [ ]

TOTAL SCORE [ ] /100

Nombre _____ Clase _____ Fecha _____

CAPÍTULO 9 Chapter Test Score Sheet

Circle the letter that matches the most appropriate response.

I. Listening
Maximum Score: 30 points

A. (15 points)
1. a b c d
2. a b c d
3. a b c d
4. a b c d
5. a b c d

SCORE [ ]

B. (15 points)
6. a b c d e
7. a b c d e
8. a b c d e
9. a b c d e
10. a b c d e

SCORE [ ]

II. Reading
Maximum Score: 27 points

C. (15 points)
11. a b c d e
12. a b c d e
13. a b c d e
14. a b c d e
15. a b c d e

SCORE [ ]

D. (12 points)
16. a b c
17. a b c
18. a b c
19. a b c

SCORE [ ]

III. Culture
Maximum Score: 9 points

E. (9 points)
20. a b
21. a b
22. a b

SCORE [ ]

¡Ven conmigo! En camino Level 1B, Chapter 9   Testing Program **67**
HRW material copyrighted under notice appearing earlier in this work.

Nombre _____ Clase _____ Fecha _____

IV. Writing
Maximum Score: 34 points

F. (12 points)

23. _____
_____

24. _____
_____

25. _____
_____

26. _____
_____

SCORE [ ]

G. (10 points)

27. _____
28. _____
29. _____
30. _____
31. _____

SCORE [ ]

H. (12 points)

32. _____
_____
_____
_____
_____
_____
_____
_____
_____

SCORE [ ]

TOTAL SCORE [ ] /100

Listening Scripts for Quizzes

Quiz 9-1 Capítulo 9 Primer paso

I. Listening
- A. Voy a comprar unos aretes para mi mamá y para mi hermana menor quiero comprar unos zapatos rojos de cuero. Le voy a regalar unas flores a mi abuela. A Paco le voy a dar unos juguetes nuevos. Para mi papá le compro una corbata muy cara.

Quiz 9-2 Capítulo 9 Segundo paso

I. Listening
- A.
  1. TÚ ¿Quién es Manolo?
     ROSA Es el muchacho que lleva una camisa azul, pantalones blancos, botas pardas, pero no lleva un cinturón.
  2. TÚ ¿Quién es Anita?
     ROSA Es la muchacha bonita. Lleva una blusa, una falda de rayas y sandalias.
  3. TÚ ¿Quién es Gloria?
     ROSA Lleva un traje de baño de cuadros, pero no lleva zapatos.
  4. TÚ ¿Quién es Julio?
     ROSA Es el muchacho que lleva pantalones cortos, una camiseta morada y zapatos de tenis.
  5. TÚ ¿Quién es Jorge?
     ROSA Es el hombre viejo. Lleva un traje oscuro, una corbata amarilla y una camisa blanca.

Quiz 9-3 Capítulo 9 Tercer paso

I. Listening
- A.
  1. ¿Cuál de estas camisetas prefieres?
  2. ¿Cuánto cuestan estos pantalones?
  3. ¿Es caro o barato ese collar?
  4. ¿Son de cuero estas botas pardas?
  5. ¿Te gustan los zapatos negros o los pardos?

Answers to Quizzes 9-1, 9-2, 9-3

ANSWERS Quiz 9-1

I. Listening
A. (10 points: 2 points per item)
1. d
2. c
3. b
4. a
5. e

II. Reading
B. (6 points: 1 point per item)
6. e
7. b
8. g
9. a
10. f
11. c

III. Writing
C. (10 points: 2 points per item)
12. Mis padres piensan regalarle unos aretes a mi hermana.
13. Pienso regalarle una cartera a mi papá.
14. Mi abuelo piensa regalarles unas camisetas a mis hermanos.
15. Mi papá piensa regalarle un collar a mi mamá.
16. Mi hermano mayor piensa regalarle unos juguetes a mi hermano menor.

IV. Culture
D. (4 points: 2 points per item)
17. a   18. b

ANSWERS Quiz 9-2

I. Listening
A. (10 points: 2 points per item)
1. d
2. b
3. e
4. a
5. c

II. Reading
B. (12 points: 2 points per item)
6. no
7. sí
8. sí
9. no
10. no
11. sí

III. Writing
C. (9 points: 3 points per item)
Answers will vary. Possible answers:
12. La corbata de rayas es más fea que la otra corbata.
13. El cinturón es más caro que los calcetines.
14. La camisa cómoda es tan cara como la camisa formal.

IV. Culture
D. (4 points: 2 points per item)
15. a   16. b

ANSWERS Quiz 9-3

I. Listening
A. (10 points: 2 points per item)
1. c
2. b
3. a
4. b
5. c

II. Reading
B. (10 points: 2 points per item)
6. c
7. a
8. e
9. b
10. d

III. Writing
C. (9 points: 3 points per item)
Answers will vary. Possible answers:
11. Prefiero este vestido verde a ése azul porque es más bonito.
12. ¿Cuánto cuestan esas sandalias negras?
13. Me gustan estos pantalones cortos porque me quedan bien.

IV. Culture
D. (6 points: 3 points per item)
14. b   15. a

Scripts for Chapter Test Capítulo 9

I. Listening

A.
1. Necesito comprar un traje de baño nuevo y unas sandalias.
2. Yo busco un vestido de seda y unos zapatos bonitos para el sábado.
3. Mi familia y yo necesitamos ropa nueva. Vamos a comprar unas chaquetas de lana y unas botas de cuero.
4. ¡Qué bonita es esta falda de cuadros! Y la blusa de algodón también.
5. Este traje es perfecto. También necesito una corbata de seda y una camisa amarilla.

B.
6. CHANTAL ¿Qué piensas regalarle a tu hermano?
   ROGELIO Le voy a dar el juego de la Lotería. Me parece que le va a gustar.
7. CHANTAL Perfecto. Mira esas botas. ¿Quieres regalarle las negras a tu hermana? Están muy de moda.
   ROGELIO Son bonitas pero son más caras que estas sandalias. Tal vez le van a gustar estas sandalias blancas.
8. CHANTAL Las sandalias pardas son más bonitas. Y son del mismo precio.
   ROGELIO Tienes razón. ¡Son una ganga!
9. CHANTAL ¿Y qué piensas regalarles a tus padres?
   ROGELIO A mi mamá le gustaría una planta, pero no la puedo llevar en el avión. Creo que les voy a dar unos chocolates.
10. CHANTAL Bueno, ya estás listo.
    ROGELIO Falta una cosa más. Voy a regalarte una rosa roja para darte las gracias por unas vacaciones fantásticas.
    CHANTAL Ay, gracias, Rogelio. La rosa es mi flor preferida.

Answers to Chapter Test

I. Listening Maximum Score: 30 points

A. (15 points: 3 points per item)
1. b
2. a
3. d
4. c
5. a

B. (15 points: 3 points per item)
6. a
7. c
8. b
9. e
10. c

II. Reading Maximum Score: 27 points

C. (15 points: 3 points per item)
11. e
12. c
13. b
14. a
15. d

D. (12 points: 3 points per item)
16. c
17. b
18. b
19. a

III. Culture Maximum Score: 9 points

E. (9 points: 3 points per item)
20. b
21. a
22. a

IV. Writing Maximum Score: 34 points

F. (12 points: 3 points per item)
23. Los zapatos negros son más caros que los zapatos blancos.
24. El cinturón corto es más barato que el cinturón largo.
25. La camiseta blanca es tan cara como la blusa negra.
26. Las corbatas de seda son más caras que las corbatas de lana.

G. (10 points: 2 points per item)
27. Me gusta esta blusa roja más que esa blusa azul.
28. Te queda muy bien la blusa roja.
29. ¿Vas a comprarles algo a tus primos?
30. Voy a comprarles un disco compacto.
31. ¿Por qué no les regalas un juego?

H. (12 points)
Answers will vary. Possible answer:
32. Para ir al colegio me gusta llevar unos bluejeans y una camiseta azul. También me gusta llevar calcetines blancos y zapatos de tenis. Para ir a una fiesta me gustaría llevar un traje con unos zapatos negros y una corbata de seda. Para ir a la playa prefiero llevar un traje de baño y unas sandalias.

CAPÍTULO 10 Celebraciones

Quiz 10-1

PRIMER PASO
Maximum Score: 35 points

I. Listening

A. Listen as Marcos talks about what his family is doing to get ready for **el Día de la Independencia**. Match each of the following pictures with what Marcos says. (10 points)

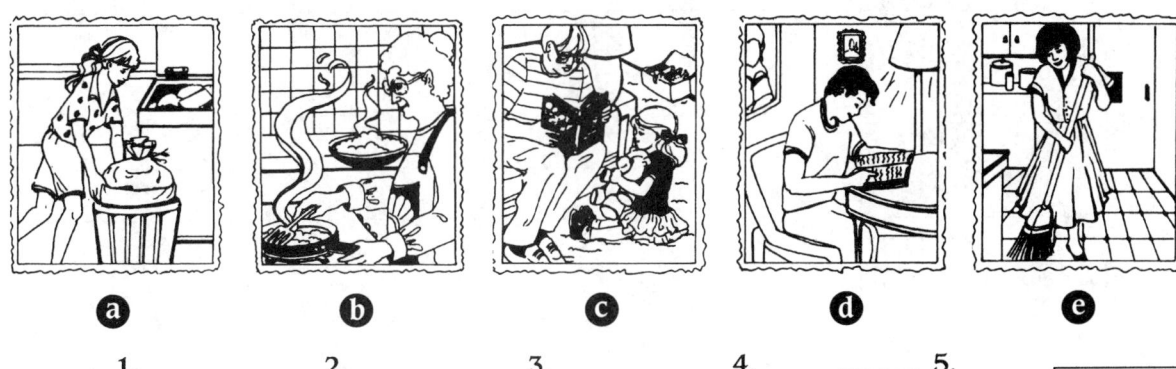

a b c d e

_____ 1. _____ 2. _____ 3. _____ 4. _____ 5.

SCORE [ ]

II. Reading

B. Complete Carlos and Catarina's conversation with words and phrases from the word box. Use each word or phrase only once. (10 points)

| Creo que sí | Creo que no | Crees que | Qué te parece | Me parece bien |

CATARINA ¿ 6. _____ si hacemos una fiesta en mi casa el sábado?

CARLOS 7. _____.

CATARINA ¿Crees que debemos mandar invitaciones?

CARLOS 8. _____. ¿Por qué no llamamos a todos?

CATARINA ¿Quieres colgar las decoraciones juntos?

CARLOS Buena idea. Puedo traer los globos que usamos en el club.

CATARINA Perfecto. Y, ¿es posible empezar a las dos?

CARLOS 9. _____. Tengo una cita a la una, pero puedo llegar a las dos.

¿ 10. _____ necesitamos más discos compactos?

CATARINA No. Tengo muchísimos.

CARLOS Bueno, hasta luego entonces.

SCORE [ ]

¡Ven conmigo! En camino Level 1B, Chapter 10 Testing Program **73**

Nombre _____ Clase _____ Fecha _____

Quiz 10-1

III. Writing

C. Write complete sentences to tell what the people below are doing right now. Use the subjects listed to begin each sentence. (10 points)

11. Los estudiantes _____
_____

12. Nosotros _____
_____

13. Los chicos _____
_____

14. Tú _____
_____

15. Mi hermana y yo _____
_____

SCORE [ ]

IV. Culture

D. Based on the information in your book, answer **a) cierto** or **b) falso** to each statement below. (5 points)

_____ 16. During the **fiestas patronales,** people celebrate the special day of their town's patron saint with dances, processions, and other traditions.

_____ 17. Spanish-speaking girls celebrate their **fiesta de quinceañera** at 21.

SCORE [ ]

TOTAL SCORE [ ] /35

CAPÍTULO 10

Nombre _____ Clase _____ Fecha _____

Celebraciones

SEGUNDO PASO

Quiz 10-2

Maximum Score: 35 points

I. Listening

A. You and Ana are discussing what still needs to be done for tomorrow's party. First, read the responses. Then listen to Ana and choose the correct response for each question. (12 points)

   a. Sí, voy en un momentito. ¿Está cerca o lejos?
   b. ¡Cómo no! Voy a inflar los globos ahora mismo.
   c. Perdóname, pero no puedo porque no tengo tiempo.
   d. Con mucho gusto, pero creo que no está en casa ahora.
   e. Sí. ¿Quieres que los ponga sobre tu cama?
   f. Claro que sí, pero a ti no te gusta la música española, ¿verdad?

1. _____ 2. _____ 3. _____ 4. _____ 5. _____ 6. _____

SCORE [ ]

II. Reading

B. Luz, Paco, and some friends are talking about getting ready for a party this weekend. Luz mentions things they need or need to do, and Paco tells others what to do. Match the orders Paco gives with what Luz says. (7 points)

LUZ

_____ 7. Toda la casa está muy sucia.

_____ 8. Necesitamos refrescos para la fiesta.

_____ 9. No tenemos los postres para la fiesta.

_____ 10. Necesito ayuda con las decoraciones.

_____ 11. Tu cuarto está muy desorganizado.

_____ 12. No mandamos las invitaciones.

_____ 13. No tenemos música.

PACO

a. Trae helado y pasteles.
b. Llama a nuestros amigos e invítalos.
c. Compra discos compactos y tráelos a la fiesta.
d. Limpia la sala y los baños.
e. Pon los libros en el escritorio y la ropa en el armario.
f. Ve a la tienda de comestibles y compra jugo de naranja.
g. Infla los globos.

SCORE [ ]

¡Ven conmigo! En camino Level 1B, Chapter 10

Nombre _____ Clase _____ Fecha _____

Quiz 10-2

III. Writing

C. Mercedes and Gilberto are decorating for a party. Using the cues in the word box, create a conversation between them in which one asks for help and the other responds. (12 points)

| hacer el favor | en este momento | cómo no | claro que sí |
| ayudar a | perdóname | lo siento | con mucho gusto | un momentito |

14. MERCEDES _____
15. GILBERTO _____
16. MERCEDES _____
17. GILBERTO _____
18. MERCEDES _____
19. GILBERTO _____

SCORE [ ]

IV. Culture

D. Based on the information in your book, answer **a) cierto** or **b) falso** to each statement. (4 points)

_____ 20. **Tamales** are usually prepared by family and friends working together.

_____ 21. No other Spanish-speaking countries have Christmas foods which are similar to **tamales**.

SCORE [ ]

TOTAL SCORE [ ] /35

CAPÍTULO 10 Celebraciones

TERCER PASO

Quiz 10-3

Maximum Score: 30 points

I. Listening

A. Héctor is telling Carlos about things he and his family have done and showing him photos. Match each statement with the correct illustration. (10 points)

 a
 b
 c
 d
 e

1. _____   2. _____   3. _____   4. _____   5. _____

SCORE _____

II. Reading

B. Read Marilú's letter to her best friend. Then answer the questions on page 78. (10 points)

> Querida Sara,
>
> ¡Qué lástima que no pudiste (*you couldn't*) venir a mi fiesta de quinceañera! Pues, tengo que decirte lo que pasó. Muchas personas vinieron (*came*)—mis abuelos que viven en San Marcos, tía Anita y tío Pablo y mis primos de San Antonio y todos mis amigos del colegio. Mis padrinos también vinieron y me regalaron un collar fantástico. Decoramos la casa con muchos globos y otras decoraciones. Mi mamá preparó mucha comida y una amiga de ella la ayudó. Tocamos muchos discos compactos, especialmente de música tejana. Bailamos toda la noche—¡estuvimos (*we were*) tan felices!
>
> Pues, tengo que irme. ¿Cuándo vas a visitar a tus abuelos? Después, ¡ven a Dallas a visitarme!
>
> Tu mejor amiga para siempre,
>
> Marilú

Nombre _____ Clase _____ Fecha _____

Quiz 10-3

6. Where does Marilú live? _____
7. What type of party does she describe? _____
8. Is the party presently going on, already over, or going to happen? _____
9. What was Marilú's overall impression of the party? _____
10. Why does Marilú write a letter to Sara? _____

SCORE _____

III. Writing

C. Write five sentences saying what you and your friends did yesterday to prepare for a party. Use the pictures as cues. (10 points)

Evelia

papá

tú y tu amiga

José y Luis

Sandra

11. _____
12. _____
13. _____
14. _____
15. _____

SCORE _____

TOTAL SCORE _____ /30

CUMULATIVE SCORE FOR QUIZZES 1–3 _____ /100

CAPÍTULO 10

Nombre _____ Clase _____ Fecha _____

Celebraciones

Chapter 10 Test

I. Listening
Maximum Score: 30 points

A. You will hear people make statements about what people are doing now, did in the past, or will do in the future. Decide whether the action is **a) past**, **b) present**, or **c) future**. (20 points)

1. _____ 2. _____ 3. _____ 4. _____ 5. _____
6. _____ 7. _____ 8. _____ 9. _____ 10. _____

SCORE [ ]

B. Listen as people explain what their favorite holiday is. Decide which holiday they refer to and write the letter of the correct holiday. (10 points)

a. el Día de los Enamorados
b. las Pascuas
c. el Día de la Madre
d. el Día de Acción de Gracias
e. la Navidad

11. _____ 12. _____ 13. _____ 14. _____ 15. _____

SCORE [ ]

II. Reading
Maximum Score: 28 points

C. Julio is asking his friend Gilberto some questions about a party they are putting together. Write the letter of the correct response by each question. (8 points)

_____ 16. ¿Me haces el favor de comprar helado?
_____ 17. ¿Qué te parece si decoramos la casa?
_____ 18. ¿Crees que hay bastante bebidas?
_____ 19. ¿Me ayudas a inflar los globos?

a. Claro que sí. Voy al supermercado ahorita.
b. Con mucho gusto. Y después podemos colgarlos.
c. Buena idea, pero todavía no tenemos decoraciones.
d. Creo que no. Necesitamos más refrescos.

SCORE [ ]

¡Ven conmigo! En camino Level 1B, Chapter 10

Nombre _____ Clase _____ Fecha _____

Chapter 10 Test

D. Read the letter that Antonio's little sister, Evelina wrote to the Three Kings. Then choose the best phrase to complete the statements that follow. (10 points)

> 1 de enero
>
> Queridos Reyes Magos,
>
> Quiero que vengan a visitarme en cinco días. Durante el año pasado fui (I was) muy buena chica. Ayudé a mis padres todos los días. Limpié mi cuarto todos los sábados e hice (I made) mi cama todas las mañanas antes de ir al colegio. También escuché a la profesora y a mis padres. Creo que me deben traer unos regalos bonitos.
>
> Me gustarían unos juguetes, un suéter rosado, unos calcetines blancos y un libro cómico. Prometo (I promise) que voy a poner comida y agua para los camellos (camels). Hoy es un día muy bonito con bastante sol. Pronto voy al jardín para cortar césped para la comida de los camellos. Mi hermano me dice que les gusta mucho el césped.
>
> Con cariño de su amiga,
> Evelina Rangel

_____ 20. Van a celebrar el Día de los Reyes Magos el...
   a. uno de enero
   b. seis de enero
   c. venticinco de diciembre

_____ 21. Evelina quiere...
   a. recibir regalos
   b. visitar a los Reyes
   c. ir al colegio

_____ 22. En su carta, Evelina dice que...
   a. nadó con su amiga
   b. bailó mucho
   c. ayudó con los quehaceres

_____ 23. Evelina va a cortar césped...
   a. porque es comida para los camellos
   b. porque es su quehacer
   c. porque su mamá quiere

_____ 24. En la casa de Evelina durante el mes de enero...
   a. nieva
   b. hace buen tiempo
   c. hace frío

SCORE _____

Nombre _____ Clase _____ Fecha _____

Chapter 10 Test

E. Read Gilberto's statements below. Put them in order according to time, starting with the one he did first, by writing the letters in order. (10 points)

a. El año pasado celebré mi cumpleaños con un fiesta grande.
b. Voy a ayudar a tía Irene a decorar su casa para la Navidad.
c. Anoche descansé en casa y escuché un disco compacto de jazz.
d. Estoy mirando la televisión y comiendo unas uvas muy ricas.
e. Esta mañana desayuné con huevos fritos, tocino y pan tostado.

_____ 25.

_____ 26.

_____ 27.

_____ 28.

_____ 29.

SCORE _____

III. Culture

Maximum Score: 10 points

F. Read the statements below. Based on the information in your textbook, determine whether each is **a) cierto** or **b) falso**. (6 points)

_____ 30. **La Feria de Abril** is a celebration of Spanish independence.

_____ 31. Festivals in Spanish-speaking countries are often celebrated with dancing, music, parades, processions, and traditional costumes.

_____ 32. **Fiestas patronales** are celebrated in honor of the patron saints of cities and towns in Spanish-speaking countries.

SCORE _____

¡Ven conmigo! En camino Level 1B, Chapter 10

Nombre _____ Clase _____ Fecha _____

Chapter 10 Test

G. Complete the statements below by choosing the correct word or phrase. (4 points)

_____ 33. **La fiesta de quinceañera** is celebrated by girls when they . . .
   a. graduate high school
   b. turn fifteen
   c. take their first communion

_____ 34. Mexican **tamales** are made of cornmeal, usually stuffed with meat, and wrapped in corn husks, and are similar to . . .
   a. Spanish tortilla
   b. Ecuadorean sancocho
   c. Puerto Rican pasteles

SCORE _____

IV. Writing

Maximum Score: 32 points

H. You're taking care of your younger brother while your parents are out for the evening. He's not cooperating like he ought to. Write five sentences ordering him to do different things. Use the cues below. (10 points)

35. Do your homework! _____

36. Go to your room! _____

37. Put your books in your backpack! _____

38. Come here, please! _____

39. Eat your dinner! _____

SCORE _____

Nombre _____ Clase _____ Fecha _____

Chapter 10 Test

I. Imagine you're at the party below and are trying to get your friend Ramón to come. Write five sentences telling him what's going on right now to convince him that he'll have a good time. (10 points)

40. _____
_____

41. _____
_____

42. _____
_____

43. _____
_____

44. _____
_____

SCORE ☐

¡Ven conmigo! En camino Level 1B, Chapter 10

Chapter 10 Test

J. Write a letter with at least six sentences to your pen pal telling him or her about your last holiday celebration. Be sure to include whom you visited, what presents you bought for your family and friends, how you spent the day, who prepared the food, if you sang songs, and any other things you can remember. Remember to use the preterite. (12 points)

45. _____

SCORE ☐

TOTAL SCORE ☐ /100

Nombre _____ Clase _____ Fecha _____

CAPÍTULO 10 Chapter Test Score Sheet

Circle the letter that matches the most appropriate response.

I. Listening
Maximum Score: 30 points

A. (20 points)

1. a b c
2. a b c
3. a b c
4. a b c
5. a b c

6. a b c
7. a b c
8. a b c
9. a b c
10. a b c

SCORE ☐

B. (10 points)

11. a b c d e
12. a b c d e
13. a b c d e
14. a b c d e
15. a b c d e

SCORE ☐

II. Reading
Maximum Score: 28 points

C. (8 points)

16. a b c d
17. a b c d
18. a b c d
19. a b c d

SCORE ☐

D. (10 points)

20. a b c
21. a b c
22. a b c
23. a b c
24. a b c

SCORE ☐

E. (10 points)

25. a b c d e
26. a b c d e
27. a b c d e
28. a b c d e
29. a b c d e

SCORE ☐

III. Culture
Maximum Score: 10 points

F. (6 points)

30. a b
31. a b
32. a b

SCORE ☐

G. (4 points)

33. a b c
34. a b c

SCORE ☐

¡Ven conmigo! En camino Level 1B, Chapter 10   Testing Program **85**

Nombre _____ Clase _____ Fecha _____

IV. Writing
Maximum Score: 32 points

H. (10 points)

35. _____
36. _____
37. _____
38. _____
39. _____

SCORE [   ]

I. (10 points)

40. _____
_____
41. _____
_____
42. _____
_____
43. _____
_____
44. _____
_____

SCORE [   ]

J. (12 points)

45. _____
_____
_____
_____
_____
_____
_____
_____
_____

SCORE [   ]

TOTAL SCORE [   ] /100

CAPÍTULO 10

86 Testing Program

¡Ven conmigo! En camino Level 1B, Chapter 10

HRW material copyrighted under notice appearing earlier in this work.

Listening Scripts for Quizzes

Quiz 10-1 Capítulo 10 Primer paso

I. Listening

A. 1. En mi casa todos están muy ocupados. Están preparándose para el Día de la Independencia. Mi abuela está cocinando mole. ¡Qué rico!
2. Mi mamá está limpiando el suelo de la cocina. Estoy seguro que va a pedir ayuda porque no le gusta limpiar.
3. Güita, mi hermana, está sacando la basura. ¡Qué bueno que ella lo tiene que hacer esta semana!
4. No sé por qué mi hermano mayor no ayuda. Parece que siempre tiene que hacer la tarea a la hora de limpiar la casa. Ahora está leyendo un libro en la sala.
5. Mi otro hermano, Luis, tiene que cuidar a mi hermanita porque mi mamá está ocupada en la cocina.

Quiz 10-2 Capítulo 10 Segundo paso

I. Listening

A. 1. ¿Me puedes ayudar a decorar la casa?
2. ¿Me ayudas a poner los regalos en mi cuarto?
3. ¿Me traes unos discos compactos para la fiesta?
4. Oye, ¿me haces el favor de ir a la pastelería?
5. ¿Puedes llamar a Juan a invitarlo a la fiesta?
6. ¿Me haces el favor de mandar las invitaciones?

Quiz 10-3 Capítulo 10 Tercer paso

I. Listening

A. 1. El año pasado mi prima cantó en un concierto para fin de año.
2. El verano pasado, lo pasamos muy bien en el campo. Yo monté en bicicleta y mi hermano cuidó los animales.
3. Mi hermana celebró su quinceañera la semana pasada. Bailamos muchísimo. ¡La música estuvo genial!
4. ¿Te acuerdas? Durante las Navidades pasadas tú comiste con mi familia.
5. Yo preparé un pastel de fresas para el cumpleaños de mamá anteayer. ¿Qué te parece?

Answers to Quizzes 10-1, 10-2, 10-3

ANSWERS Quiz 10-1

I. Listening
A. (10 points: 2 points per item)
1. b
2. e
3. a
4. d
5. c

II. Reading
B. (10 points: 2 points per item)
6. Qué te parece
7. Me parece bien
8. Creo que no
9. Creo que sí
10. Crees que

III. Writing
C. (10 points: 2 points per item)
11. Los estudiantes están bailando.
12. Nosotros estamos tomando un refresco.
13. Los chicos están escuchando música./ Los chicos están cantando.
14. Tú estás mirando/viendo una película.
15. Mi hermana y yo estamos caminando en el parque.

IV. Culture
D. (5 points: 2 1/2 points per item)
16. a   17. b

ANSWERS Quiz 10-2

I. Listening
A. (12 points: 2 points per item)
1. b
2. e
3. f
4. a
5. d
6. c

II. Reading
B. (7 points: 1 point per item)
7. d
8. f
9. a
10. g
11. e
12. b
13. c

III. Writing
C. (12 points: 2 points per item)
Answers will vary. Possible answers:
14. ¿Me ayudas a decorar la sala, por favor?
15. Claro que sí. ¡Con mucho gusto!
16. ¿Me haces el favor de pasarme los globos?
17. Lo siento, pero en este momento no sé dónde están.
18. Están en la mesa en la cocina.
19. Muy bien. Un momentito, por favor.

IV. Culture
D. (4 points: 2 points per item)
20. a   21. b

ANSWERS Quiz 10-3

I. Listening
A. (10 points: 2 points per item)
1. c
2. a
3. d
4. e
5. b

II. Reading
B. (10 points: 2 points per item)
6. She lives in Dallas.
7. She's describes a **fiesta de quinceañera**.
8. It's already over.
Answers will vary. Possible answers:
9. She had a great time.
10. To tell her about the party she missed.

III. Writing
C. (10 points: 2 points per item)
Answers will vary. Possible answers:
11. Evelia decoró el pastel.
12. Mi papá limpió la cocina.
13. Mi amiga y yo inflamos los globos.
14. José y Luis prepararon las invitaciones.
15. Sandra pasó la aspiradora y limpió la sala.

Scripts for Chapter Test Capítulo 10

I. Listening
A.
1. Luis mandó las invitaciones para la fiesta.
2. Mis abuelos van a visitarnos el dos de junio.
3. Los jóvenes tocaron la guitarra en la fiesta.
4. Patricia está cocinando arroz con pollo.
5. Miré la televisión y escuché la música.
6. Mi hermana está poniendo la mesa.
7. Ud. limpió la cocina anteayer.
8. Voy a colgar las decoraciones el sábado.
9. Mis amigos y yo vamos a salir al cine el sábado.
10. ¿Estás leyendo un libro o un periódico?

B.
11. Este día es importante para mostrar que la madre es una persona muy especial en la familia. Le damos tarjetas o a veces flores o un regalo.
12. Nosotros celebramos en la casa de mis abuelos. Vienen también los tíos y los primos. Tenemos una comida especial después de ir a misa a las doce. Recibimos muchos regalos especiales.
13. Mi día favorito cae en febrero. Mando tarjetas a mis amigos. Mi papá le da flores y chocolates a mi mamá.
14. Este día es mi favorito porque tenemos vacaciones de la escuela. Vamos a la casa de mis abuelos y comemos comida especial — pavo, papas, legumbres y postres deliciosos.
15. Me importa esta celebración en la primavera porque es un día religioso. También a los niños les gusta buscar y encontrar huevos de colores que ponemos en el jardín.

Answers to Chapter Test

I. Listening Maximum Score: 30 points

A. (20 points: 2 points per item)
1. a
2. c
3. a
4. b
5. a
6. b
7. a
8. c
9. c
10. b

B. (10 points: 2 points per item)
11. c
12. e
13. a
14. d
15. b

II. Reading Maximum Score: 28 points

C. (8 points: 2 points per item)
16. a
17. c
18. d
19. b

D. (10 points: 2 points per item)
20. b
21. a
22. c
23. a
24. b

E. (10 points: 2 points per item)
25. a
26. c
27. e
28. d
29. b

III. Culture Maximum Score: 10 points

F. (6 points: 2 points per item)
30. b
31. a
32. a

G. (4 points: 2 points per item)
33. b
34. c

IV. Writing Maximum Score: 32 points

H. (10 points: 2 points per item)
35. ¡Haz tu tarea!
36. ¡Ve a tu cuarto!
37. ¡Pon tus libros en tu mochila!
38. ¡Ven aquí, por favor!
39. ¡Come tu cena!

I. (10 points: 2 points per item)
Answers will vary. Possible answers:
40. Marcia está pasando unas galletas.
41. Hortencia está hablando con César.
42. Adriana está cantando unas canciones.
43. Tony y Tyler están comiendo.
44. Martín y Kisha están bailando.

J. (12 points)
Answers will vary. Possible answer:
45. La Navidad del año pasado visitamos a mis abuelos. Mi abuela preparó jamón, pavo, papas, sopa y legumbres Mi tía Luisa preparó el pastel. ¡Qué rico! Le regalé un libro a mi abuela y unas camisetas a mis hermanos. Luego, cantamos unas canciones. Lo pasamos muy bien.

CAPÍTULO 11 Para vivir bien

Nombre _____ Clase _____ Fecha _____

Quiz 11-1

■ PRIMER PASO

Maximum Score: 30 points

I. Listening

A. Listen as several people discuss their activities. Write the letter of the drawing that corresponds to the activity mentioned in each dialogue. One drawing will not be used. (10 points)

1. _____ 2. _____ 3. _____ 4. _____ 5. _____

SCORE _____

II. Reading

B. Luis is a very active person. Read his conversation with Manuel. Then read and answer each statement that follows on page 92 with **a) cierto** or **b) falso**. (8 points)

LUIS Oye, Manuel, mañana va a hacer muy buen tiempo. ¿Porqué no vamos a patinar sobre ruedas en el parque? Ya sé que a ti te encanta patinar.

MANUEL No, gracias, Luis. En realidad no tengo ganas. Creo que voy a descansar en casa.

LUIS ¡Ay, no hombre! ¿Cómo vas a pasar un sábado magnífico en tu casa? Bueno, si no quieres patinar, ¿qué tal si montamos a caballo? Luego podemos ir un rato al gimnasio.

MANUEL No creo que mi mamá me va a dar permiso para ir a montar caballo y no tengo pantalones cortos limpios para ir al gimnasio.

LUIS ¿Qué te pasa, amigo? ¿Te sientes mal? ¿Tienes algún problema?

MANUEL No te preocupes. Estoy bien. Nada más me siento muy cansado. Fue una semana horible. Tal vez vamos a patinar el domingo por la tarde. ¿Qué te parece?

Nombre _____ Clase _____ Fecha _____

Quiz 11-1

_____ 6. Manuel no quiere pasar el rato con Luis porque ya no son amigos.

_____ 7. Generalmente a Manuel le gusta patinar sobre ruedas.

_____ 8. Hoy Luis tiene más energía que Manuel.

_____ 9. Manuel está enfermo.

SCORE ☐

III. Writing

C. Write a conversation between Pablo and Ana. Read all the cues before you start writing. (12 points)

10. Pablo greets Ana.

    PABLO _____

11. Ana responds.

    ANA _____

12. Pablo says he is going to the gym.

    PABLO _____

13. Ana asks him what he plans to do at the gym.

    ANA _____

14. Pablo answers and invites Ana to go with him.

    PABLO _____

15. Ana says she doesn't want to go because she doesn't feel well but might go another day.

    ANA _____

SCORE ☐

TOTAL SCORE ☐ /30

Para vivir bien

Quiz 11-2

SEGUNDO PASO

Maximum Score: 35 points

I. Listening

A. Write the letter of the picture that indicates the body part that is being discussed in each of these situations. (8 points)

1. _____   5. _____
2. _____   6. _____
3. _____   7. _____
4. _____   8. _____

SCORE ☐

II. Reading

B. Read Jaime's New Year's resolutions. Then answer the questions that follow. (12 points)

    Hoy es la Nochevieja y éstas son mis resoluciones para el año nuevo. Por lo general, voy a llevar una vida más sana que la del año pasado. No quiero estar mal nunca. Quiero sentirme bien todo el tiempo y puedo hacerlo con estas resoluciones.

♦Voy a comer por lo menos (at least) una comida balanceada al día. ♦Voy a dormir por lo menos ocho horas cada día. ♦Voy a hacer yoga todos los días. Es un ejercicio fantástico para el cuerpo. ♦No voy a comer dulces ni tomar refrescos con mucha azúcar. ♦Voy a ser un buen amigo. Voy a ayudar a mis amigos si están preocupados por algo. ♦Voy a organizar mejor mi tiempo. No quiero estar nervioso por no tener la tarea. Voy a hacer la tarea primero todas las tardes. ♦No voy a estar triste a causa de (because of) cosas que no son importantes.

9. What is Jaime's main goal for the next year?

_____

Nombre _____ Clase _____ Fecha _____

Quiz 11-2

10. Mention two things Jaime plans to do to achieve his goal.
    _____

11. What is Jaime planning to do to improve his diet?
    _____

12. How is he planning to organize his time better?
    _____

SCORE [ ]

III. Writing

C. For each picture below, write a sentence saying how you think the people feel and what caused them to feel that way. (10 points)

Mario y Lastenia   Margarita   Diego   Yuka   Cristóbal

13. _____
14. _____
15. _____
16. _____
17. _____

SCORE [ ]

IV. Culture

D. Based on the information in your book, answer **a) cierto** or **b) falso** to each statement. (5 points)

_____ 18. **Me estas tomando el pelo** means "You're cutting my hair."

_____ 19. **¡Salud!, ¡Amor!, ¡Pesetas! y ¡Tiempo para gozarlo!** are said to someone who is sneezing.

SCORE [ ]

TOTAL SCORE [ ] /35

Nombre _____ Clase _____ Fecha _____

CAPÍTULO 11 Para vivir bien

Quiz 11-3

■ TERCER PASO

Maximum Score: 35 points

I. Listening

A. Olga and Ernesto are speaking to their friend Mario about what they did and where they went last Saturday. Listen to their conversation. Then mark each statement **a) cierto** or **b) falso**. (12 points)

_____ 1. Olga y Ernesto fueron a un tienda de música.

_____ 2. Olga compró un disco compacto de música rock.

_____ 3. Ernesto fue a estudiar para un examen.

_____ 4. Olga no hizo nada por la tarde.

_____ 5. Por la noche, Ernesto salió al cine.

_____ 6. Olga miró la televisión después de hablar con Ernesto por teléfono.

SCORE _____

II. Reading

B. Anabela has won an award for good citizenship at her school. Read the article that appeared about her in the local newspaper. (12 points)

> Anabela Vargas, 14 años, ganó un premio en el Colegio Santa Rosa de Lima. Ella fue escogida entre más de 300 estudiantes del colegio por ser buena estudiante, por ayudar a otros estudiantes menores y por su participación excelente en los deportes. El año pasado, Anabela jugó al voleibol, al basquetbol y fue la estrella del equipo de natación. Este año, Anabela todavía nada y juega al basquetbol. En una entrevista la semana pasada, la chica dijo —Ya no juego al voleibol. Este año, ayudé a los estudiantes de nueve y diez años con su tarea todas las tardes después de clases. Durante esas horas, las chicas están practicando el voleibol. Por cierto, ellas jugaron un partido con el Colegio Las Mercedes ayer, ¡y ganaron!

7. What are the three reasons why Anabela was chosen for an award?

_____

8. What three activities did Anabela do last year?

_____

Nombre _____ Clase _____ Fecha _____

Quiz 11-3

9. Why has Anabela given up one of the activities she did last year?
   _____

10. What does she say about the activity that she no longer does?
    _____

SCORE [ ]

III. Writing

C. Look at the pictures below and tell where people went and what they did in each place. Use the cues to begin each sentence. Remember to use the preterite. (9 points)

11. Ellos _____
    _____

12. Yo _____
    _____

13. Tú _____
    _____

SCORE [ ]

IV. Culture

D. Based on the information in your book, answer a) **cierto** or b) **falso** to the following statements. (2 points)

_____ 14. Football is as important in Latin American countries as it is in the U.S.

_____ 15. Some sports, such as **bolas criollas** are more popular in Spanish-speaking countries than in the U.S.

SCORE [ ]

TOTAL SCORE [ ] /35

CUMULATIVE SCORE FOR QUIZZES 1–3 [ ] /100

Nombre _____ Clase _____ Fecha _____

Para vivir bien

Chapter 11 Test

I. Listening

Maximum Score: 30 points

A. Listen as people say what they do. Decide what symptoms they probably have and indicate what is wrong with each person. (10 points)

1. _____
2. _____
3. _____
4. _____
5. _____

a. — Le duele la mano.
b. — Tiene gripe.
c. — Está triste.
d. — Le duelen las piernas.
e. — Está nerviosa.

SCORE [ ]

B. You overhear two dialogues between people talking about illnesses. Respond to the following statements with **a) sí** or **b) no**. (20 points)

Diálogo 1

_____ 6. A Luisa le duele la garganta.

_____ 7. Rosa dice que Luisa debe ir a la clínica.

_____ 8. A Luisa le gusta visitar al doctor.

_____ 9. Luisa piensa que nunca va a estar mejor.

_____ 10. Luisa decide llamar al doctor.

Diálogo 2

_____ 11. A Eduardo le duelen las piernas.

_____ 12. Eduardo no puede jugar al fútbol por un año.

_____ 13. Eduardo cree que caminó demasiado.

_____ 14. A Eduardo le duelen los pies.

_____ 15. Eduardo tiene fiebre y se siente mal.

SCORE [ ]

Nombre _____ Clase _____ Fecha _____

Chapter 11 Test

II. Reading

Maximum Score: 30 points

C. Read Dr. Pérez's description of his visit with his last patient, Enrique Ruiz. Then answer the questions that follow. (10 points)

> Hoy me visitó Enrique Ruiz. Pasé una hora examinándolo. Encontré los siguientes síntomas (symptoms): tiene fiebre y tiene tos. Tiene la nariz constipada y parece estar muy nervioso. Dice que trabajó 75 horas la semana pasada. Casi nunca descansa y muchas veces no desayuna ni cena. Es muy joven y también muy fuerte; tiene 28 años. Estoy un poco preocupado por el hecho (fact) de que no se cuida bien. La vez pasada que me visitó tenía (he had) los mismos síntomas. Hoy no le quiero dar medicina porque creo que es lo suficiente fuerte para recuperarse él mismo. Él tiene gripe—nada más. Tiene que descansar y tomar mucha agua y jugo. Y no debe trabajar tanto. Es muy malo para la salud.

_____ 16. How much time did Doctor Pérez spend examining Enrique?
   a. 15 minutes   b. one hour   c. one week   d. 75 hours

_____ 17. Which of the following symptoms did Enrique not have?
   a. a cough   b. a fever   c. a sore throat   d. nervousness

_____ 18. Which of the following could explain why Enrique is so sick?
   a. He doesn't take care of himself.   c. He doesn't eat right.
   b. He works too hard.   d. All of the above.

_____ 19. What does the doctor think Enrique has?
   a. the flu   b. the measles   c. a sore throat   d. a stomachache

_____ 20. What kind of treatment is Doctor Pérez going to prescribe?
   a. none at all   c. a hearty meal
   b. antibiotics   d. rest, relaxation, and lots of water and juice

SCORE ____

Nombre _____ Clase _____ Fecha _____

Chapter 11 Test

D. Roberto is very lazy. His friend Rubén is trying to get him to do something. Match Rubén's questions with Roberto's responses. (8 points)

_____ 21. ¿Qué tal si levantamos pesas?

_____ 22. ¿Por qué no vamos al cine? Tienen una buenísima película.

_____ 23. ¿Te gustaría ir a tomar un helado?

_____ 24. Pues, ¿qué quieres hacer?

a. Gracias, pero en realidad no quiero. Ya tomé uno.

b. Gracias, no. Leí en el periódico que no es muy buena.

c. ¿Por qué no miramos la televisión? Prefiero descansar y mirar los actores hacer todo.

d. No tengo ganas. Nunca hago ejercicio.

SCORE [ ]

E. Tina and Elena are talking on the phone. Read their conversation and the statements that follow. Mark each statement with **a) cierto** or **b) falso**. (12 points)

TINA ¿Adónde fuiste ayer después de clases?

ELENA Fui a la pista para correr. Rodrigo y Sandra corrieron más que yo pero voy a practicar tres veces por semana y pronto les voy a ganar.

TINA Pues, me parece magnífico que te estás poniendo en forma.

ELENA ¿Qué hiciste tú?

TINA Jugué al tenis con Lourdes y después todavía teníamos un poco de energía. Caminamos hasta la piscina y nadamos por media hora. Después de todo, estaba muy cansada.

ELENA ¿Fuiste a casa de Lourdes?

TINA No. Fui a mi casa para ducharme y luego estudié. ¿Y tú?

ELENA Caminé mis cinco millas y me fui con prisa a la casa. Preparé una ensalada y una sopa para la cena y ayudé a mi hermanito con su tarea. Estudié para el examen de inglés después de cenar y me fui a la cama a las nueve. ¿Te lo puedes creer? Cuando hago ejercicio, tengo muchas ganas de dormir temprano *(early)*.

_____ 25. Tina hace ejercicio pero Elena no tiene tiempo para hacer ejercicio.

_____ 26. Elena le ganó a Rodrigo y a Sandra.

_____ 27. Elena hizo *(did)* sus quehaceres antes de hacer la tarea.

_____ 28. Elena se duerme a las nueve todos los días.

_____ 29. Tina y Elena se cuidan bien.

_____ 30. Elena es la menor en su casa.

SCORE [ ]

Chapter 11 Test

III. Culture

Maximum Score: 10 points

F. Read the statements below. Based on the information in your textbook, mark each statement a) **cierto** or b) **falso**. (10 points)

_____ 31. Puerto Rico is an island between the Atlantic Ocean and the Caribbean Sea.

_____ 32. Both men and women from Spanish-speaking countries have played successfully on U.S. Olympic and professional teams.

_____ 33. Spanish-speakers use many gestures, including tapping their elbows with the palms of their hands to mean "stingy".

_____ 34. All the same sports are played in the U.S. as in Spanish-speaking countries.

_____ 35. Tropical fruits are only eaten fresh in Puerto Rico.

SCORE _____

IV. Writing

Maximum Score: 30 points

H. Pick one patient from **la doctora Demora's** waiting room. Write a conversation between that patient and the doctor. Use the cues that follow on page 101. (12 points)

Chapter 11 Test

36. Doctor greets patient.

    DOCTORA _____

37. Patient greets doctor.

    PACIENTE _____

38. Doctor asks patient how he or she feels.

    DOCTORA _____

39. Patient tells doctor how he or she is feeling.

    PACIENTE _____

40. Doctor tells patient what he or she should do to feel better.

    DOCTORA _____

41. Patient thanks doctor and says goodbye.

    PACIENTE _____

    SCORE ☐

I. Write a postcard with at least five sentences to your pen pal asking what he or she would like to this summer while visiting you. Suggest two or three things that you might do together. (10 points)

42. _____

Nombre _____ Clase _____ Fecha _____

Chapter 11 Test

_____
_____
_____

SCORE [ ]

J. Write a sentence in Spanish saying where the people in each picture went and what they did there. Also say when they went. Use the cues to begin your sentences. (8 points)

Carla y María   Víctor y Bernardo   Sandra   Sergio

43. _____
_____

44. _____
_____

45. _____
_____

46. _____
_____

SCORE [ ]

TOTAL SCORE [ ] /100

Nombre _____ Clase _____ Fecha _____

CAPÍTULO 11 Chapter Test Score Sheet

Circle the letter that matches the most appropriate response.

I. Listening
Maximum Score: 30 points

A. (10 points)

1. a b c d e
2. a b c d e
3. a b c d e
4. a b c d e
5. a b c d e

SCORE ☐

B. (20 points)

6. a b
7. a b
8. a b
9. a b
10. a b

11. a b
12. a b
13. a b
14. a b
15. a b

SCORE ☐

II. Reading
Maximum Score: 30 points

C. (10 points)

16. a b c d
17. a b c d
18. a b c d
19. a b c d
20. a b c d

SCORE ☐

D. (8 points)

21. a b c d
22. a b c d
23. a b c d
24. a b c d

SCORE ☐

E. (12 points)

25. a b
26. a b
27. a b
28. a b
29. a b
30. a b

SCORE ☐

III. Culture
Maximum Score: 10 points

F. (10 points)

31. a b
32. a b
33. a b
34. a b
35. a b

SCORE ☐

¡Ven conmigo! En camino Level 1B, Chapter 11

Nombre _____ Clase _____ Fecha _____

IV. Writing

Maximum Score: 30 points

H. (12 points)

36. DOCTORA _____

37. PACIENTE _____

38. DOCTORA _____

39. PACIENTE _____

40. DOCTORA _____

41. PACIENTE _____

SCORE ☐

I. (10 points)

42. _____

SCORE ☐

J. (8 points)

43. _____

44. _____

45. _____

46. _____

SCORE ☐

TOTAL SCORE ☐ /100

Listening Scripts for Quizzes

Quiz 11-1 Capítulo 11 Primer Paso

I. Listening

A. 1. — ¿Qué tal si vamos al gimnasio?
   — Está bien. Necesito levantar pesas esta tarde.
2. — ¿Qué tienes? ¿Te sientes mal?
   — No, me siento muy bien. Voy a nadar. ¿Quieres ir?
3. — ¿Por qué no vamos al parque hoy?
   — Buena idea. Me gusta mucho patinar sobre ruedas.
4. — ¿Qué tal si vamos a caminar?
   — ¡Sí! ¿Por qué no vamos al parque?
5. — ¿Quieres ir conmigo a correr?
   — ¡Claro! Me encanta correr por la playa.

Quiz 11-2 Capítulo 11 Segundo Paso

I. Listening

A. 1. Cuando estudio demasiado me duelen los ojos.
2. Cuando practico el piano, me duelen los dedos.
3. Cuando tengo tos, me duele la garganta.
4. Cuando corro mucho, me duelen las piernas.
5. Cuando estoy resfriada, me duele la cabeza.
6. Cuando levanto pesas demasiado, me duelen los brazos.
7. Cuando como muchos dulces, me duele el estómago.
8. Cuando voy a un concierto de rock, me duelen los oídos.

Quiz 11-3 Capítulo 11 Tercer Paso

I. Listening

A. 1. MARIO ¿Qué hicieron ustedes el sábado pasado?
      OLGA Oye Ernesto. Vamos a decirle a Mario lo que hicimos el sábado pasado.
      ERNESTO Está bien. Olga y yo fuimos a la tienda de música en el centro. Miramos los discos compactos nuevos.
2. MARIO ¿Compraron algo?
   OLGA Pues, Ernesto compró uno como regalo para su hermana mayor. Yo no compré nada porque no tenía dinero.
3. ERNESTO Luego, yo fui a la biblioteca a estudiar para un examen. Y tú, Olga, fuiste a la piscina, ¿verdad?
4. OLGA Sí. Y por la tarde Ernesto fue a casa. Hizo sus quehaceres y descansó. Yo fui a casa de mis tíos. Ellos celebraron su aniversario. Lo pasé muy bien.
5. MARIO ¿Y por la noche? ¿Hicieron algo?
   ERNESTO Llamé a Olga por teléfono. Ella me habló de la fiesta.
6. OLGA También miré ese programa nuevo — el de los policías y los abogados.
   MARIO Pues, parece que pasaron un día muy interesante.

Answers to Quizzes 11-1, 11-2, 11-3

ANSWERS Quiz 11-1

I. Listening
A. (10 points: 2 points per item)
1. c
2. a
3. b
4. d
5. f

II. Reading
B. (8 points: 2 points per item)
6. b
7. a
8. a
9. b

III. Writing
C. (12 points: 2 points per item)
Answers will vary. Possible answer:
10. PABLO Hola, Ana. ¿Cómo estás?
11. ANA Hola, Pablo. Estoy regular. ¿Y tú?
12. PABLO ¡Excelente! Voy a ir al gimnasio.
13. ANA ¿Qué vas a hacer?
14. PABLO Voy a levantar pesas. ¿Quieres ir conmigo?
15. ANA No, gracias. No me siento bien. Tal vez, otro día.

ANSWERS Quiz 11-2

I. Listening
A. (8 points: 1 point per item)
1. e
2. h
3. a
4. f
5. c
6. d
7. b
8. g

II. Reading
B. (12 points: 3 points per item)
Answers will vary. Possible answers:
9. He plans to lead a healthier life than he did last year.
10. Possible answer: He's going to exercise more and sleep more.
11. He's not going to eat candy or drink sweet sodas.
12. He's going to do his homework first every day.

III. Writing
C. (10 points: 2 points per item)
Answers will vary. Possible answers:
13. A Mario y a Lastenia les duelen los pies porque trabajaron toda la noche.
14. Margarita no se siente bien porque tomó mucho helado.
15. A Diego le duelen los oídos porque escuchó la música muy alta.
16. A Yuka le duelen las manos/los dedos porque tocó el piano por tres horas.
17. A Cristóbal le duele la pierna porque no se estiró antes de jugar.

IV. Culture
D. (5 points: 2 $1/2$ points per item)
18. b   19. a

ANSWERS Quiz 11-3

I. Listening
A. (12 points: 2 points per item)
1. a
2. b
3. a
4. b
5. b
6. a

II. Reading
B. (12 points: 3 points per item)
Answers will vary. Possible answers:
7. For being a good student, helping others, and participating in sports.
8. She played volleyball, basketball, and swam.
9. Anabela can't play volleyball because she tutors students during the time the team practices.
10. The volleyball team won a game yesterday.

III. Writing
C. (9 points: 3 points per item)
11. Ellos fueron al cine a ver una película.
12. Yo fui al estadio a jugar al béisbol.
13. Tú fuiste a la tienda de discos a comprar unos discos compactos.

IV. Culture
D. (2 points: 1 point per item)
14. b   15. a

Scripts for Chapter Test Capítulo 11

I. Listening

A.
1. Estamos en el restaurante y no tengo dinero para pagar la cuenta.
2. No puedo correr más. Estoy cansado.
3. Le escribo muchas cartas a mi abuela.
4. Tengo tos y me siento mal.
5. Mi mejor amigo va a salir y vivir lejos de nuestra ciudad.

B. Diálogo 1

ROSA ¿Qué tienes, Luisa? Me parece que estás pálida.
LUISA Estoy un poco resfriada y me duele la garganta, Rosa.
ROSA ¿Por cuánto tiempo?
LUISA Dos o tres días.
ROSA Creo que debes ir a la clínica.
LUISA No, porque no me gusta visitar al doctor. Mañana voy a estar mejor.
ROSA Pues, estamos hablando de tu salud, Luisa. Debes ir a la clínica.
LUISA Bueno, Rosa, voy a llamar al doctor ahora mismo.

Diálogo 2

TOMÁS ¿Qué te pasa, Eduardo? ¿Te sientes mal?
EDUARDO Sí, me duelen las piernas y no puedo jugar al fútbol por una semana.
TOMÁS ¿Qué te pasó?
EDUARDO No sé, Tomás, pero el médico me dice que no puedo asistir a la escuela ni caminar mucho. Creo que caminé demasiado anteayer.
TOMÁS Lo siento. ¿Te duelen también los pies?
EDUARDO No, pero tengo fiebre y me siento bastante mal.
TOMÁS Pues, debes llamar al médico otra vez.

Answers to Chapter Test

I. Listening Maximum Score: 30 points

A. (10 points: 2 points per item)
1. e
2. d
3. a
4. b
5. c

B. (20 points: 2 points per item)
6. a
7. a
8. b
9. b
10. a
11. a
12. b
13. a
14. b
15. a

II. Reading Maximum Score: 30 points

C. (10 points: 2 points per item)
16. b
17. c
18. d
19. a
20. d

D. (8 points: 2 points per item)
21. d
22. b
23. a
24. c

E. (12 points: 2 points per item)
25. b
26. b
27. a
28. b
29. a
30. b

III. Culture Maximum Score: 10 points

F. (10 points: 2 points per item)
31. a
32. a
33. a
34. b
35. b

IV. Writing Maximum Score: 30 points

H. (12 points: 2 points per item)
Dialogues will vary. Possible dialogue:
36. DOCTORA Buenos días.
37. PACIENTE Buenos días, doctora Demora.
38. DOCTORA ¿Cómo se siente usted hoy?
39. PACIENTE Me siento mal. Me duele el estómago. Tomé mucho helado anoche.
40. DOCTORA Bueno, creo que no tienes nada. Debes tener cuidado. No debes comer mucho helado.
41. PACIENTE Gracias, doctora Demora. Adiós.

I. (10 points)
Answers will vary. Possible answers:
42. Hola, amigo/a,
   ¿Cómo estás? Yo, muy bien. Estoy muy contento/a que vienes a visitar. ¿Qué te gustaría hacer este verano? ¿nadar? ¿patinar sobre ruedas? ¿montar a caballo? Durante el verano aquí hace mucho calor, por eso debemos ir a la playa con frecuencia. ¿Qué tienes ganas de hacer tú? Escríbeme pronto.

J. (8 points: 2 points per item)
Answers will vary. Possible answers:
43. Carla y María fueron al cine para ver una película el sábado pasado.
44. Víctor y Bernardo fueron a la cancha a jugar un partido de tenis ayer.
45. Sandra fue a la biblioteca a sacar unos libros el lunes.
46. Sergio fue al gimnasio para levantar pesas anoche.

Nombre _____ Clase _____ Fecha _____

Las vacaciones ideales

Quiz 12-1

PRIMER PASO

Maximum Score: 30 points

I. Listening

A. Listen as various people talk about places they plan to go and things they plan to do. Then decide where each person should go, and write the letter of your choice below. (12 points)

a. a la joyería
b. a Puerto Rico
c. al colegio
d. a la clínica
e. a Nueva York
f. a la dulcería

1. _____ 2. _____ 3. _____ 4. _____ 5. _____ 6. _____ SCORE [   ]

II. Reading

B. Read the descriptions three people have written about what they do during a typical day. Then read the quotes that follow and decide who would most likely have said each one: Carlos (**C**), Benjamín (**B**), or Emilia (**E**). (10 points)

Carlos
Este semestre tengo cinco clases: francés, música, inglés, matemáticas y ciencias. Me gusta mucho el colegio. Son muy interesantes todas mis clases. Durante el almuerzo me gusta estudiar y leer. Muchos de mis amigos tienen el almuerzo antes que yo así que muchas veces estoy solo. Después del colegio voy a la biblioteca a leer por una hora. Cuando regreso a casa, ayudo a mi mamá a preparar la cena. Muchas veces mis amigos quieren salir, pero yo no salgo porque prefiero estudiar. Es muy necesario si quiero sacar buenas notas. Me acuesto a las nueve y media.

Benjamín
No me gusta mucho el colegio. Las clases que tengo son muy difíciles. Prefiero jugar al fútbol norteamericano con mis amigos. Siempre vamos al estadio a jugar los sábados. Es muy divertido. Después vamos a tomar un refresco o algo así. Mi amigo Carlos muchas veces me invita a estudiar con él en su casa pero me pongo nervioso. No tengo paciencia.

Emilia
El colegio es muy interesante. Lo que me gusta más son mis clases de música. Toco el trombón en la banda y canto en el coro. Algún día espero ser compositora de música. Después de clases siempre practico por tres horas.

_____ 7. Para mí, lo más importante es la música.

_____ 8. Algún día espero asistir al *Super Bowl*, el partido de fútbol norteamericano más famoso de los Estados Unidos.

Nombre _____ Clase _____ Fecha _____

_____ 9. Gracias, pero no puedo ir con ustedes hoy. Tengo que estudiar.

_____ 10. Hago ejercicio todos los días. Tengo que estar en buena forma para el partido este fin de semana.

_____ 11. Ahora mismo voy a practicar el piano. Tengo que tocar en el concierto mañana.

SCORE _____

III. Writing

C. For each of the following pictures, write a sentence saying what the person has in mind for the future. Use at least three different expressions from the word box. (8 points)

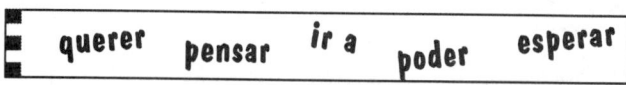

Michiko

Pablo

Leonardo

María

12. _____

13. _____

14. _____

15. _____

SCORE _____

TOTAL SCORE ____/30

Nombre _____ Clase _____ Fecha _____

CAPÍTULO 12
Las vacaciones ideales

Quiz 12-2

Maximum Score: 35 points

■ SEGUNDO PASO

I. Listening

A. Listen as Julia and Raúl talk about what various friends and family members like to do. Match each person to what he or she likes to do. (10 points)

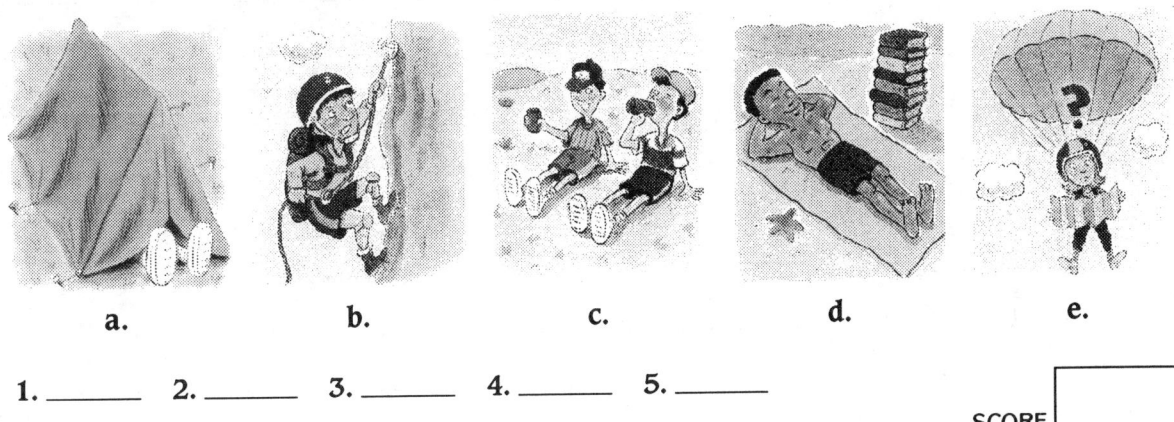

a.   b.   c.   d.   e.

1. _____   2. _____   3. _____   4. _____   5. _____

SCORE [ ]

II. Reading

B. The following is an interview conducted by a reporter from **Buenos días** magazine. She is interviewing Ramón Sirenas, a singer from Caracas who always arrives late and leaves early. Fill in each blank with a form of **ser** or **estar**. (10 points)

BD Díganos, por favor, ¿qué clase de persona _____6._____ usted?

RS Bueno en realidad _____7._____ una persona a quien le gusta viajar. _____8._____ de Venezuela donde todavía vivo. Pero casi nunca _____9._____ aquí en Caracas porque siempre _____10._____ explorando el resto del mundo.

BD ¡Qué interesante! ¿Y adónde le gusta viajar?

RS Pues el país que más me gusta es Brasil. _____11._____ muy grande y hay tantas cosas que se pueden hacer. Se puede bajar el río Amazonas en canoa. Se puede explorar la selva. Cuando yo _____12._____ allí, nunca puedo hacer todo lo que quiero. Perdón, ¿qué hora _____13._____?

BD _____14._____ las dos menos cuarto. ¿Pasa algo? *(Is anything wrong?)*

RS Pues, tengo otra cita a las dos y mi carro _____15._____ a seis cuadras de aquí.

BD Entonces, ¿por qué no completamos la entrevista otro día?

RS Me gustaría muchísimo.

SCORE [ ]

Nombre _____ Clase _____ Fecha _____

III. Writing

C. Write five sentences about where you'd like to visit someday. Write where you would like to go and then explain why you would like to go to each place. (10 points)

16. _____

17. _____

18. _____

19. _____

20. _____

SCORE [ ]

IV. Culture

D. Based on the information in your textbook, answer **a) cierto** or **b) falso** to each statement. (5 points)

_____ 21. The longest part of the Amazon River is in Argentina.

_____ 22. The waters of the Amazon River end up in the Atlantic Ocean.

SCORE [ ]

TOTAL SCORE [/35]

CAPÍTULO 12

Nombre _____ Clase _____ Fecha _____

Las vacaciones ideales

TERCER PASO

Quiz 12-3

Maximum Score: 35 points

I. Listening

A. Listen as Marta and Julio talk about what she and her family did on their trip around the world. First put the events of their trip in the order they happened. (8 points)

a.　　　　　　　　b.　　　　　　　　c.　　　　　　　　d.

1. _____　2. _____　3. _____　4. _____

SCORE ☐

II. Reading

B. Read the sentences that María Elena wrote about a trip she took. Then arrange the sentences in the correct order. (12 points)

a. El primer día en Puerto Rico compré regalos para toda mi familia.
b. Regresé a Nueva York muy cansada y muy feliz.
c. Hice la maleta y fui al aeropuerto, donde compré un boleto de ida y vuelta *(round-trip)*.
d. El próximo día nadé y fui de vela.
e. Mi prima Rosa me invitó a visitarla en Puerto Rico.
f. Le escribí a ella aceptando *(accepting)* la invitación.

5. _____　6. _____　7. _____　8. _____　9. _____　10. _____

SCORE ☐

Nombre _____ Clase _____ Fecha _____

Quiz 12-3

III. Writing

C. Your pen pal recently went on a vacation and you want to know about his trip. Use the cues below to write five questions in Spanish asking him where he went and what he did. (10 points)

11. Ask your pen pal where he or she went.

    _____

    _____

12. Ask what he or she did.

    _____

    _____

    Ask if he or she did three different sports or activities.

13. _____

    _____

14. _____

    _____

15. _____

    _____

SCORE ☐

IV. Culture

D. Based on the information in your textbook, answer **a) cierto** or **b) falso** to each statement below. (5 points)

_____ 16. Puerto Ricans are U.S. citizens.

_____ 17. It is uncommon for Puerto Ricans in the U.S. to be bilingual.

SCORE ☐

TOTAL SCORE ☐ /35

CUMULATIVE SCORE FOR QUIZZES 1–3 ☐ /100

Nombre _____ Clase _____ Fecha _____

CAPÍTULO 12

Las vacaciones ideales

Chapter 12 Test

I. Listening

Maximum Score: 30 points

A. You overhear people talking about plans. Decide if what you hear refers to one of the three following categories. (20 points)

a. future plans
b. what was done in the past
c. what is regularly done every day

1. _____   6. _____
2. _____   7. _____
3. _____   8. _____
4. _____   9. _____
5. _____   10. _____   SCORE _____

B. Listen as people say what they feel like doing or what they would like to do. Write the letter of the picture that corresponds. (10 points)

a.

b.

c.

d.

e.

11. _____   12. _____   13. _____   14. _____   15. _____   SCORE _____

II. Reading

Maximum Score: 30 points

C. Read the following letter that Elena wrote to her new pen pal. Then choose the correct letter to complete each statement. (10 points)

Querido Raúl,

16. ¡Hola! Permíteme presentarme. _____ Elena.
    a. Estoy   b. Soy   c. Eres

17. _____ de Puerto Rico y mi familia todavía vive allí.
    a. Estoy   b. Es   c. Soy

¡Ven conmigo! En camino Level 1B, Chapter 12

Nombre _____ Clase _____ Fecha _____

Chapter 12 Test

18. Este año estoy viviendo en Nueva York con mis tíos. Asisto a un colegio que _____ muy lejos de nuestra casa.
    a. está   b. es   c. eres

19. Mis padres _____ en Nueva York ahora visitándome. Pasamos mucho tiempo comprando regalos para mis hermanos.
    a. están   b. fueron   c. son

20. Y tú, ¿cómo _____? Dime algo de lo que te gusta hacer.
    a. es   b. eres   c. está

Escríbeme pronto,
Elena

SCORE [ ]

D. Look at the list of programs about outdoor activities in various countries on the TV schedule below. Then read what the following people like to do. Indicate which program each person would most likely enjoy watching by writing the correct letter. (10 points)

TV 2		domingo
	Presentación	
9:15	a. Francia	bajar el río en canoa
9:45	b. Inglaterra	dar una caminata
10:15	c. Alemania	escalar montañas
10:45	d. China	ir de vela
11:15	e. Estados Unidos	saltar en paracaídas

_____ 21. Alicia
Tengo dos pasatiempos. Viajo cada vez que puedo, y me gusta muchísimo saltar de avión. Mi sueño es ver este país desde el aire *(from the air)*.

_____ 22. Pablo
Todos los días camino solo o con el perro. Me gustaría acampar en los bosques de Inglaterra.

_____ 23. Ester
A mí me gusta subir *(climb)* a un lugar donde puedo ver toda la ciudad. Desde allí las personas se ven tan pequeñas como hormigas *(ants)*.

_____ 24. David
Me encanta nadar. Prefiero nadar en el río porque siempre hace demasiado viento en la playa. También me gusta ir en canoa.

_____ 25. Raquel
Me gusta ir en barco y nadar. Prefiero estar en el agua cuando hace mucho viento.

SCORE [ ]

Nombre _____ Clase _____ Fecha _____

Chapter 12 Test

E. Read the letter that José wrote to his friend Manuel while on vacation. Then answer **a) true** or **b) false** to the following statements. (10 points)

13 de julio

Querido Manuel,

¡Qué fantástica es España! Todo es muy interesante y divertido. Mamá, Papá, Ana y yo llegamos el miércoles por la tarde y fuimos al hotel. El hotel es un viejo castillo° histórico que es muy bonito y cómodo. Tiene cuartos grandísimos y la gente es muy simpática. Aquí podemos hacer de todo. Ayer fui de vela y Ana se quedó en la playa y tomó el sol. Papá saltó en paracaídas y Mamá fue a hacer turismo con otras personas del hotel. Hoy vamos a comprar boletos y vamos a ver un drama en el teatro Colón. Más tarde, pensamos ir de compras para comprar recuerdos para todos. A nosotros nos encanta este lugar. Nos gustaría regresar el próximo año. Bueno, Manuel, ahora tengo que terminar esta carta porque es la hora de salir. Nos vemos pronto.

Tu amigo,
José

castillo *castle*

_____ 26. José does not like the hotel.

_____ 27. José went hiking yesterday.

_____ 28. Ana went to the beach to sunbathe.

_____ 29. The family saw a play at a theater yesterday.

_____ 30. José's family would like to return to Spain.

SCORE ____

III. Culture

Maximum Score: 10 points

F. Based on the information in your textbook, answer **a) cierto** or **b) falso** to the following statements. (4 points)

_____ 31. Many old castles in Spain have been turned into **paradores**.

_____ 32. The **Salto Ángel** is a beautiful fountain in Venezuela.

SCORE ____

¡Ven conmigo! En camino Level 1B, Chapter 12   Testing Program

Chapter 12 Test

G. Based on the information in your textbook, complete the following statements by selecting the best word or phrase. (6 points)

33. People who prefer _____ weather can enjoy traveling in Spanish-speaking countries.
    a. warm   b. cold   c. both warm and cold

34. **Los Roques** is a group of islands, almost all of which are _____.
    a. uninhabited   b. covered by hotels and houses   c. rain forests

35. The longest part of the Amazon River runs through _____.
    a. Venezuela   b. Brazil   c. Ecuador

SCORE ____

IV. Writing

Maximum Score: 30 points

H. Based on the pictures, write a sentence in Spanish saying what people did as indicated in the pictures. Remember to use the preterite in your sentences. (8 points)

Yo

Nosotros

Tú

Ellos

36. _____
37. _____
38. _____
39. _____

SCORE ____

Nombre _____ Clase _____ Fecha _____

Chapter 12 Test

I. Write a conversation based on the following situation. Maritza can't decide what to do on her vacation. Juan is trying to help her decide by asking her questions about what she would like to do. (12 points)

40. JUAN _____

_____

_____

MARITZA _____

_____

_____

JUAN _____

_____

_____

MARITZA _____

_____

_____

JUAN _____

_____

_____

MARITZA _____

_____

_____

SCORE [   ]

¡Ven conmigo! En camino Level 1B, Chapter 12

Nombre _____ Clase _____ Fecha _____

J. You have just received a letter from a friend asking about your vacation. Answer her, telling where you went, what you did, and what you liked about it. Give the order in which you did things (what you did first, what you did next, etc.). Write at least five sentences. (10 points)

41. _____

_____

_____

_____

_____

_____

_____

_____

_____

_____

_____

_____

_____

SCORE ☐

TOTAL SCORE ☐ /100

Nombre _____ Clase _____ Fecha _____

CAPÍTULO 12 Chapter Test Score Sheet

Circle the letter that matches the most appropriate response.

I. Listening
Maximum Score: 30 points

A. (20 points)

1. a b c
2. a b c
3. a b c
4. a b c
5. a b c

6. a b c
7. a b c
8. a b c
9. a b c
10. a b c

SCORE _____

B. (10 points)

11. a b c d e
12. a b c d e
13. a b c d e
14. a b c d e
15. a b c d e

SCORE _____

II. Reading
Maximum Score: 30 points

C. (10 points)

16. a b c
17. a b c
18. a b c
19. a b c
20. a b c

SCORE _____

D. (10 points)

21. a b c d e
22. a b c d e
23. a b c d e
24. a b c d e
25. a b c d e

SCORE _____

E. (10 points)

26. a b
27. a b
28. a b
29. a b
30. a b

SCORE _____

III. Culture
Maximum Score: 10 points

F. (4 points)

31. a b
32. a b

SCORE _____

G. (6 points)

33. a b c
34. a b c
35. a b c

SCORE _____

¡Ven conmigo! En camino Level 1B, Chapter 12

Nombre _____ Clase _____ Fecha _____

IV. Writing
Maximum Score: 30 points

H. (8 points)

36. _____
37. _____
38. _____
39. _____

SCORE ☐

I. (12 points)

40. JUAN _____

MARITZA _____

JUAN _____

MARITZA _____

JUAN _____

MARITZA _____

SCORE ☐

J. (10 points)

41. _____

SCORE ☐

TOTAL SCORE ☐ /100

Listening Scripts for Quizzes

Quiz 12-1 Capítulo 12 Primer paso

I. Listening
A. 1. Me gusta la playa y también el mar. En la playa del hotel, puedo tomar el sol. Cuando voy a la playa necesito llevar el bloqueador y los lentes de sol.
2. Pienso ir a hablar con la profesora Méndez. Tengo un examen de historia mañana y no estoy preparado. Creo que debo estudiar más.
3. Me encanta visitar las ciudades grandes. En esta ciudad puedo ver los museos, ir al teatro y asistir a un concierto de música clásica.
4. No me siento muy bien. Me duelen los dedos y las manos porque practiqué el piano demasiado anoche.
5. Pienso comprar unos dulces para el cumpleaños de mi abuela. A mí me encantan los dulces pero cuando como demasiado, me duele el estómago. Sin embargo, sé que a ella le van a encantar.
6. Mi prima va a cumplir los quince años y necesito un regalo especial. Pienso regalarle un collar de oro o unos aretes de plata. A ella le encantan las joyas.

Quiz 12-2 Capítulo 12 Segundo paso

I. Listening
A. 1. Esta foto es mi favorita. A mi hermano le gusta acampar, pero tuvo muchos problemas con la tienda de camping.
2. En esta foto, mi hermana está saltando en paracaídas. Es muy peligroso, ¿sabes?
3. —¿Qué pasa en ésta? ¿Quiénes están tomando refrescos?
—Ellos son mis amigos Roberto y Lorenzo.
4. En esta foto mi padre está escalando montañas en Colorado.
5. Y la última. Aquí está mi amigo Juan. Le encanta tomar el sol.

Quiz 12-3 Capítulo 12 Tercer paso

I. Listening
A. 1. JULIO ¿Adónde viajaron tú y tu familia el año pasado?
MARTA Uy, fuimos a muchos países... ¡viajamos por todo el mundo!
JULIO Bueno, pero... ¿adónde fueron primero?
MARTA Primero a China. Allí caminamos y bajamos el río en canoa. ¡Fue toda una aventura!
2. JULIO ¿Y después?
MARTA Después fuimos a Egipto.
JULIO Y, ¿qué hiciste cuando fuiste allí?
MARTA Yo fui a visitar las pirámides, pero mi hermano Gabriel saltó en paracaídas. ¿Te imaginas?
3. JULIO ¡Fantástico! Visitaste Francia también, ¿verdad?
MARTA Sí, luego fuimos a Francia, donde yo fui a la playa y tomé el sol.
4. JULIO ¿Y por último?
MARTA Mi papá regresó a los Estados Unidos, pero yo fui a Alemania con mi mamá y con Gabriel. Allí escalé montañas con un grupo de viajeros de Italia.

Answers to Quizzes 12-1, 12-2, 12-3

ANSWERS Quiz 12-1

I. Listening
A. (12 points: 2 points per item)
1. b
2. c
3. e
4. d
5. f
6. a

II. Reading
B. (10 points: 2 points per item)
7. E
8. B
9. C
10. B
11. E

III. Writing
C. (8 points: 2 points per item)
Answers will vary. Possible answers:
12. Michiko va a esquiar.
13. Pablo quiere ir a Nueva York.
14. Leonardo espera asistir a la universidad.
15. María piensa mirar la televisión.

ANSWERS Quiz 12-2

I. Listening
A. (10 points: 2 points per item)
1. a
2. e
3. c
4. b
5. d

II. Reading
B. (10 points: 1 point per item)
6. es
7. soy
8. Soy
9. estoy
10. estoy
11. Es
12. estoy
13. es
14. Son
15. está

III. Writing
C. (10 points: 2 points per item)
Answers will vary. Possible answers:
16. Me gustaría ir a Puerto Rico porque me gusta nadar.
17. Pienso ir a Francia algún día para practicar el francés.
18. Tengo ganas de ir a México porque la comida es muy rica.
19. Me gustaría visitar a Bolivia para escalar las montañas.
20. También me gustaría explorar una selva en México para ver los animales.

IV. Culture
D. (5 points: 2½ points per item)
21. b
22. a

ANSWERS Quiz 12-3

I. Listening
A. (8 points: 2 points per item)
1. b
2. a
3. d
4. c

II. Reading
B. (12 points: 2 points per item)
5. e
6. f
7. c
8. a
9. d
10. b

III. Writing
C. (10 points: 2 points per item)
Answers will vary. Possible answers:
11. ¿Adónde fuiste de vacaciones?
12. ¿Qué hiciste allí?
13. ¿Nadaste en el océano?
14. ¿Bajaste el río en canoa?
15. ¿Escalaste montañas?

IV. Culture
D. (5 points: 2½ points per item)
16. a   17. b

Scripts for Chapter Test Capítulo 12

I. Listening

A.
1. Algún día pienso viajar a Alemania.
2. Tú y tu familia fueron a la China el verano pasado.
3. Antonio jugó al jai alai en la Florida.
4. Mi hermana quiere escalar montañas en enero.
5. Salgo con mis amigos todas las tardes.
6. Durante las últimas vacaciones no fui a ningún lugar.
7. En Egipto visité las pirámides.
8. Vas a hacer la maleta a las dos, ¿verdad?
9. Todos los días a la una miro mi telenovela favorita.
10. ¿Qué haces todos los días después de clases?

B.
11. Tengo ganas de visitar a mi abuelo.
12. Me gustaría dar una caminata en el bosque.
13. Me gustaría ir a Inglaterra para visitar Londres.
14. Prefiero ir de vela con mis amigos cuando hace calor.
15. A mí me gustaría llevar mi toalla y pasar el día tomando el sol.

Answers to Chapter Test

CAPÍTULO 12

I. Listening Maximum Score: 30 points

A. (20 points: 2 points per item)
1. a
2. b
3. b
4. a
5. c
6. b
7. b
8. a
9. c
10. c

B. (10 points: 2 points per item)
11. b
12. d
13. c
14. e
15. a

II. Reading Maximum Score: 30 points

C. (10 points: 2 points per item)
16. b
17. c
18. a
19. a
20. b

D. (10 points: 2 points per item)
21. e
22. b
23. c
24. a
25. d

E. (10 points: 2 points per item)
26. b
27. b
28. a
29. b
30. a

III. Culture Maximum Score: 10 points

F. (4 points: 2 points per item)
31. a
32. b

G. (6 points: 2 points per item)
33. c
34. a
35. b

IV. Writing Maximum Score: 30 points

H. (8 points: 2 points per item)
Answers will vary. Possible answers:
36. Yo escalé una montaña en Chile.
37. Nosotros fuimos de vela ayer.
38. Tú bajaste el río en canoa en Brasil.
39. Ellos exploraron en la selva.

I. (12 points)
40. Answers will vary. Possible answers:
   J: ¿Qué te gustaría hacer este verano?
   M: No sé.
   J: Pues, ¿te gustan las montañas?
   M: Sí, muchísimo.
   J: Hay montañas en Colorado. ¿Te gustaría ir a Colorado?
   M: Sí, tengo ganas de ir a Colorado.

J. (10 points)
41. Answers will vary. Possible answers.
Primero fuí a España. Cené en muchos restaurantes. Me gustó mucho la comida. Después fuí a Inglaterra. Caminé todo el tiempo. Me gustó hacer turismo en Londres. Luego regresé a Los Ángeles.

To the Teacher

Speaking Tests

The primary goal of **En camino** is to help students develop proficiency in Spanish. The speaking tests in the *Testing Program* will help you assess students' proficiency in listening to and speaking Spanish. The speaking tests, which measure how well students use the language in contexts that approximate real-life situations, reflect the interview/role-play format of the Situation Cards in *Activities for Communication*. You can choose whether to set up interviews with each student, role-play the short situations with individual students, or have pairs of students role-play the situations spontaneously as you observe.

Administering a speaking test requires approximately three to five minutes with each student or pair of students. You might administer a speaking test to one student or pair while the others are working on the reading and writing sections of a Chapter Test. Make sure that you and the student(s) are seated far enough from the others so that they will not be disturbed. Instruct the student(s) to speak softly but audibly. If such an arrangement is not possible, meet with students at mutually agreed upon times outside class.

The Speaking Test Evaluation Form on page 128 will help you assess each student's performance. At the end of each test, take a moment to note your impression of the student's performance on the evaluation form. The following guidelines offer one possibility for assessing a student's global score, based on this evaluation.

- **18–20 pts:** The student accomplishes the assigned task successfully, speaks clearly and accurately, and adds to the basic situation, for example, using new functions or structures that beginning language learners seldom use spontaneously.
- **15–17 pts:** The student accomplishes the assigned task successfully with a few errors. The student is able to communicate effectively in spite of these errors and offers meaningful responses.
- **12–14 pts:** The student accomplishes the task with difficulty. He or she demonstrates minimum oral competence, hesitates frequently, and shows little creativity, offering only minimal, predictable responses.
- **9–11 pts:** The student is unable to accomplish the task or fails to demonstrate acceptable mastery of functions, vocabulary, and grammatical concepts.
- **0–8 pts:** Communication is almost non-existent. The student does not understand questions and is unable to accomplish the task. Errors are so extreme that communication is impossible.

Nombre _____ Clase _____ Fecha _____

Speaking Test Evaluation Form

Chapter _____ ☐ Interview   ☐ Role-play   ☐ Other format

Targeted function(s) _____

_____

Targeted vocabulary _____

Targeted grammar _____

Content	You used the functions and vocabulary necessary to communicate.	(Excellent)	4	3	2	1	(Poor)
Comprehension	You understood what was said to you and responded appropriately.	(Excellent)	4	3	2	1	(Poor)
Comprehensibility	The listener was able to understand what you were trying to communicate.	(Excellent)	4	3	2	1	(Poor)
Accuracy	You used grammar, vocabulary, and functions accurately.	(Excellent)	4	3	2	1	(Poor)
Fluency	You spoke clearly and without hesitation. Your pronunciation and intonation sounded natural.	(Excellent)	4	3	2	1	(Poor)

Total Score _____

Comments _____

_____

_____

_____

¡En camino!

Speaking Test

Targeted Functions: greeting others; saying what you have; talking about what you do and when; describing people and places; talking about how often you do things; talking about your family

A. Interview
1. ¡Hola! ¿Cómo estás?
2. ¿Cuántos bolígrafos tienes en tu escritorio?
3. ¿Qué te gusta hacer después de clases y con quién?
4. ¿Cómo es tu profesor(a) de inglés?
5. ¿Qué hacen tú y tu familia los fines de semana?

B. Role-play
Have students act out the following situation. You can also act it out with individual students.

It's the first day of school, and there's a new student in your class you want to get to know better. First greet the student. Find out the student's name and age. Then ask what other classes he or she has. Find out what he or she likes to do after school and how often he or she does it.

CAPÍTULO 7 · ¿Qué te gustaría hacer?

Speaking Test

Targeted Functions: talking on the telephone; extending and accepting invitations; making plans; talking about getting ready; turning down an invitation and explaining why

A. Interview
Have students respond to the following in Spanish.
1. ¿Tienes ganas de estudiar o ir al acuario?
2. ¿Ya tienes planes o quieres ir a una fiesta mañana?
3. ¿Qué piensas hacer el viernes?
4. ¿Te gustaría ir al circo conmigo?
5. ¿Cuándo te gusta ducharte?

B. Role-play
Have pairs of students act out the following situation. You can also act it out with individual students.

> Imagine that you're calling a friend to invite him or her to a surprise party you're throwing. Your friend will either accept the invitation and ask more about the party, or turn down the invitation and give an appropriate explanation and tell you what he or she plans to do instead.

CAPÍTULO 8 · ¡A comer!

Speaking Test

Targeted Functions: talking about meals and food; commenting on food; making polite requests; ordering dinner in a restaurant; asking for and paying the bill in a restaurant

A. Interview
Have students respond to the following in Spanish.
1. ¿Qué te gusta comer para el desayuno? ¿Y para el almuerzo?
2. ¿Cómo está la comida de la cafetería?
3. ¿Cuál es más salado, las papitas o el pan dulce?
4. Cuando vas a un restaurante, ¿qué pides? ¿Quién paga la cuenta?
5. ¿Cuál es tu plato favorito? ¿Por qué?

B. Role-play
Have pairs of students act out the following situation. You can also act it out with individual students.

> You're at a restaurant. Order what you want to eat and drink, comment on the food, and pay the bill. Remember to be polite when speaking with the waiter or waitress, and don't forget to ask if the tip is included.

CAPÍTULO 9 — ¡Vamos de compras!

Speaking Test

Targeted Functions: talking about giving gifts; asking for and giving directions downtown; commenting on clothes; making comparisons; expressing preferences; asking about prices and paying for something

A. Interview
Have students respond to the following in Spanish.
1. ¿Qué piensas regalarle a tu mamá para su cumpleaños?
2. ¿Me puede decir dónde está el centro comercial en esta ciudad?
3. ¿Prefieres llevar botas o zapatos de tenis? ¿Por qué?
4. ¿Qué ropa llevas cuando vas a una fiesta?
5. ¿Son más caras las camisetas o las blusas de seda? ¿Cuánto cuestan?

B. Role-play
Have pairs of students act out the following situation. You can also act it out with individual students.

You are in a store shopping for clothes to wear to a party this weekend. Tell the salesperson what you're looking for and find out if they have it in a certain material and color. Ask how much it costs and then tell the salesperson if you're going to buy it or not. If you decide to buy it, pay for it at the cashier.

CAPÍTULO 10 — Celebraciones

Speaking Test

Targeted Functions: talking about what you're doing right now; asking for and giving an opinion; asking for help and responding to requests; telling a friend what to do; talking about past events

A. Interview
Have students respond to the following in Spanish.
1. ¿Qué estás haciendo?
2. ¿Qué te parece si vamos al cine esta noche?
3. ¿Me puedes ayudar a decorar la clase?
4. ¿Cuál es tu día festivo favorito? ¿Por qué?
5. ¿Quién preparó la cena anoche?

B. Role-play
Have pairs of students act out the following situation. You can also act it out with individual students.

You and a friend are planning a graduation party for another friend. Exchange ideas about what kind of gift to buy and decide who will do what to prepare for the party.

CAPÍTULO 11  Para vivir bien

Speaking Test

Targeted Functions: making suggestions and expressing feelings, talking about moods and physical condition; saying what you did; talking about where you went and when

A. Interview
Have students respond to the following in Spanish.
1. ¿Cómo estás? ¿Cómo te sientes hoy?
2. ¿Qué le pasa a tu mejor amigo(a)? ¿Está enfermo(a)?
3. ¿Por qué no vas al partido el viernes?
4. ¿Qué hiciste ayer?
5. ¿Adónde fueron tú y tu familia el fin de semana pasado?

B. Role-play
Have pairs of students act out the following situation. You can also act it out with individual students.

> You are being interviewed for membership in a health club. The interviewer will ask you questions about your medical history and what you normally do to stay healthy. Answer the questions and make comments about how important you think the following things are: eating right, exercising regularly, etc. Mention in your discussion how your health and fitness affects your overall well-being.

CAPÍTULO 12  Las vacaciones ideales

Speaking Test

Targeted Functions: talking about what you do and like to do every day; making future plans; discussing what you would like to do on vacation; saying where you went and what you did on vacation

A. Interview
Have students respond to the following in Spanish.
1. Por lo general, ¿qué haces durante la semana?
2. ¿Qué piensas hacer durante el verano?
3. ¿Te gustaría viajar a México? ¿Por qué sí o por qué no?
4. ¿Adónde fueron tú y tu familia durante las vacaciones?
5. ¿Qué hicieron? ¿Nadaron? ¿Montaron en bicicleta?

B. Role-play
Have pairs of students act out the following situation. You can also act it out with individual students.

> You have just won a dream vacation and your friend wants to know all about it! He or she wants to know where you are going, what you plan to do there, and why you chose that particular place. After you have answered your friend's questions, find out if he or she would like to do the same things.

Nombre _____ Clase _____ Fecha _____

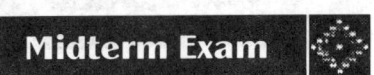

I. Listening

Maximum Score: 20 points

A. Listen to Margarita and her cousin Antonio's telephone conversation. Then mark each statement that follows **a) cierto** or **b) falso.** (10 points)

_____ 1. Antonio wants to go to the party to dance with Rosa.

_____ 2. Margarita plans to wear jeans and a nice jacket to the party.

_____ 3. Margarita plans to go shopping with Antonio.

_____ 4. Antonio plans to ask his parents for money to buy clothes.

_____ 5. Antonio and Margarita plan to go to the party together from Margarita's house.

SCORE _____

B. Listen to five students talk about their favorite meals. Then match the food each one describes with the correct drawing. (10 points)

6. _____

7. _____

8. _____

9. _____

10. _____

SCORE _____

¡Ven conmigo! En camino Level 1B

Testing Program **133**

HRW material copyrighted under notice appearing earlier in this work.

Nombre _____ Clase _____ Fecha _____

II. Reading

Maximum Score: 34 points

C. Read the conversation between members of the Lares family. They're getting ready for their Saturday activities. Then complete the sentences that follow by choosing the best phrase. (12 points)

SEÑORA LARES Buenos días, Anita. ¿Cómo estás, Pepe? Aquí tienen sus desayunos. Deben tomar su jugo de naranja y cereal con plátano y leche.

PEPE Ay, mamá, ya son las ocho y media. No tengo tiempo para comer. Felipe me viene a buscar en un cuarto de hora.

SEÑOR LARES Hoy vas al campo con la familia de Felipe, ¿verdad? Pues, tienes que comer y después lavarte los dientes. ¡Date prisa!

SEÑORA LARES ¿Qué tienes que llevar? ¿Un traje de baño? ¿Algo para almorzar?

ANITA Si van a estar cerca del lago, debes llevar tu traje de baño. Hace mucho calor hoy. Mamá, ¿te gustaría ir al museo de arte esta mañana? No tengo nada que hacer.

SEÑORA LARES Lo siento, hija, pero esta mañana no puedo. Tengo que ir al supermercado, a la panadería y también a la librería. Tal vez otro día.

SEÑOR LARES Yo puedo ir contigo, Anita. Me encanta ese museo. Debemos llevar zapatos cómodos porque vamos a caminar mucho. ¿Quieres ir a las diez? Todavía tengo que ducharme y afeitarme y me gustaría leer el periódico.

ANITA Sí, papá, yo también necesito ducharme y peinarme y ya sabes que nunca me preparo con mucha prisa.

_____ 11. Pepe is planning to go _____ with his friend today.
   a. to the swimming pool   b. to the country   c. to the museum

_____ 12. Pepe has to eat breakfast, brush his teeth and find his bathing suit by _____.
   a. ten o'clock   b. eight thirty   c. eight forty-five

_____ 13. Anita and her father are going to the art museum _____.
   a. right away   b. in a while after they get ready   c. another day

_____ 14. According to what Mrs. Lares says, she probably needs to _____.
   a. buy books, bread, and groceries
   b. clean the house
   c. buy some new shoes and jeans

_____ 15. The only family member who will be doing his or her Saturday morning activities alone is _____.
   a. Pepe   b. Mr. Lares   c. Mrs. Lares

_____ 16. The member of the family who has been busy already this morning is _____.
   a. Anita   b. Mrs. Lares   c. Pepe

SCORE _____

Nombre _____ Clase _____ Fecha _____

Midterm Exam

D. Look at the newspaper ads below. Then read the statements that follow. Write the letter for the business that best matches the needs of the customer or customers described in each statement. (12 points)

RESTAURANTE EL SOL

Calle Colón, Puerto La Cruz
A una cuadra de la Plaza Bolívar

Especialidades de la casa: camarones al ajillo, pescado fresco, postres de frutas frescas

Abierto: 11:30 a 11:00

a

MI VACA Y YO

Para comer todos tipos de platos de carne de res, éste es su restaurante preferido.

Servimos almuerzo de 12:00 a 2:00 y cena de 7:00 a 11:00.

Calle Miranda, Puerto La Cruz

b

LA VIENESA

Su pastelería para todo lo que necesita para fiestas de cumpleaños, aniversarios y bodas.
Preparamos pasteles exquisitos de frutas tropicales.

Calle Altamira, Puerto La Cruz
A dos cuadras de la Plaza Bolívar.

Abierta de las 5:00 hasta las 5:00

c

_____ 17. La señora Suárez quiere pedir un pastel para la boda de su hija, Cristina.

_____ 18. Iván y David pasan el día en la playa en Puerto La Cruz. Quieren almorzar pero no quieren comer pescado.

_____ 19. Raquel quiere comer algo dulce después de salir del teatro a las nueve de la noche.

_____ 20. Son las ocho de la mañana. Aníbal y Zunilda salen de la iglesia al lado de la Plaza Bolívar. Quieren comer algo ligero.

_____ 21. Carlos quiere cenar en un restaurante pero lleva una dieta *(diet)* especial. No debe comer la carne de res.

_____ 22. Los señores Mercado quieren unas galletas después de salir del museo a las tres de la tarde.

SCORE _____

Nombre _____ Clase _____ Fecha _____

Midterm Exam

E. Match each question with the most appropriate response. (10 points)

_____ 23. ¿Me puede decir dónde queda la florería?

_____ 24. ¿Qué le puedo traer?

_____ 25. ¿Quieres ir al parque de atracciones hoy?

_____ 26. ¿De parte de quién?

_____ 27. ¿Qué ropa vas a llevar al parque de atracciones?

a. Me puede traer un vaso de jugo, por favor.
b. De parte de José Luis.
c. Me gustaría ir pero me siento un poco enfermo.
d. Pienso llevar algo cómodo.
e. Queda a tres cuadras del parque de atracciones.

SCORE _____

III. Culture

Maximum Score: 16 points

F. Choose the item that best completes the sentence based on the information in your textbook. (6 points)

_____ 28. Shoppers in Ecuador use _____ to buy things.
a. pesetas   b. sucres   c. dollars

_____ 29. The capital of Ecuador is _____.
a. La Paz   b. Bogotá   c. Quito

_____ 30. In Spanish-speaking countries, the heaviest meal of the day is commonly _____.
a. breakfast   b. lunch   c. dinner

SCORE _____

Nombre _____ Clase _____ Fecha _____

Midterm Exam

G. Read the statements below. Based on the information in your textbook, decide if each statement is **a) cierto** or **b) falso.** (10 points)

_____ 31. Hispanic culture and traditions are important in Texas because it once was a part of Spain and then a part of Mexico.

_____ 32. The fruit called **plátano** in Ecuador is called by different names in some other Spanish-speaking countries.

_____ 33. Everyone in Ecuador speaks only Spanish.

_____ 34. **Sancocho** is a beef dish seasoned with a red spice.

_____ 35. There are various polite telephone greetings in Spain and Latin America.

SCORE ____

IV. Writing

Maximum Score: 30 points

H. You're visiting your cousin, Esteban in Ecuador. Esteban's friends are very curious about you and ask a lot of questions. Write a complete sentence to answer each question. (15 points)

36. Qué llevas para ir al colegio?

_____

_____

37. ¿Qué te gusta comer para el almuerzo? ¿Y qué te gusta tomar?

_____

_____

38. ¿Qué ropa te gusta llevar para una fiesta en el colegio?

_____

_____

39. ¿A tu mamá le gusta maquillarse para ir al trabajo?

_____

_____

40. ¿Las tiendas quedan cerca de tu casa?

_____

_____

SCORE ____

¡Ven conmigo! En camino Level 1B

Nombre _____ Clase _____ Fecha _____

Midterm Exam

I. Look at the pairs of items below. Write a sentence comparing each pair. Compare price, taste, or looks. (15 points)

$4

$3

41. _____
_____
_____

$2

$2

42. _____
_____
_____

$28

$25

43. _____
_____
_____

44. _____
_____
_____

45. _____
_____
_____

SCORE ☐

¡Ven conmigo! En camino Level 1B

Nombre _____ Clase _____ Fecha _____

Midterm Exam Score Sheet

Circle the letter that matches the most appropriate response.

I. Listening
Maximum Score: 20 points

A. (10 points)

1. a b
2. a b
3. a b
4. a b
5. a b

SCORE ☐

B. (10 points)

6. a b c d e
7. a b c d e
8. a b c d e
9. a b c d e
10. a b c d e

SCORE ☐

II. Reading
Maximum Score: 34 points

C. (12 points)

11. a b c
12. a b c
13. a b c
14. a b c
15. a b c
16. a b c

SCORE ☐

D. (12 points)

17. a b c
18. a b c
19. a b c
20. a b c
21. a b c
22. a b c

SCORE ☐

E. (10 points)

23. a b c d e
24. a b c d e
25. a b c d e
26. a b c d e
27. a b c d e

SCORE ☐

III. Culture
Maximum Score: 16 points

F. (6 points)

28. a b c
29. a b c
30. a b c

SCORE ☐

G. (10 points)

31. a b
32. a b
33. a b
34. a b
35. a b

SCORE ☐

¡Ven conmigo! En camino Level 1B

Nombre _____ Clase _____ Fecha _____

IV. Writing
Maximum Score: 30 points

H. (15 points)

36. _____
_____
37. _____
_____
38. _____
_____
39. _____
_____
40. _____
_____

SCORE ☐

I. (15 points)

41. _____
_____
42. _____
_____
43. _____
_____
44. _____
_____
45. _____
_____

SCORE ☐

Listening Scripts for Midterm Exam

I. Listening

A.

1. ANTONIO: ¿Aló?
MARGARITA: ¿Qué tal, Antonio? Mira, tengo buenísimas noticias. Hay una fiesta en casa de mi amiga este sábado. ¿Te gustaría ir?
ANTONIO: ¡Claro que sí! Quiero bailar con tu amiga, Rosa. Ella es tan simpática. ¿Qué ropa vas a llevar?

2. MARGARITA: La fiesta es bastante formal. Pienso llevar mi vestido de rayas moradas y unos aretes de oro.
ANTONIO: Ese vestido te queda muy bien. Margarita, no tengo nada formal.

3. MARGARITA: Pues, yo voy mañana a la zapatería que queda a dos cuadras de tu casa. ¿Quieres ir conmigo? Después buscamos un traje para ti en la tienda que está cerca de la zapatería.

4. ANTONIO: Buena idea. Tienen cosas baratas allí. Tal vez puedo comprar algo para la fiesta con el dinero que me regalaron mis padrinos para mi cumpleaños.

5. MARGARITA: ¿Quieres venir a mi casa el sábado a las cinco? Podemos comer algo juntos antes de ir a la fiesta.
ANTONIO: Lo siento, pero a las cinco tengo que cuidar a mi hermana. Bueno, tengo que irme. Gracias por la invitación, Margarita. Te veo mañana para ir a comprar un traje muy de moda. ¡Chao!

B.

6. MARTA: Mi comida favorita es el desayuno. Mis hermanos comen un desayuno fuerte, pero a mi me encanta comer un buen plato de frutas, pan tostado con jalea y un chocolate caliente. Así empiezo muy bien el día.

7. ALBERTO: Pues, a mí me gusta un buen almuerzo. Pero por la mañana nunca tengo hambre. A las doce, me encanta comer un bistec con arroz y una ensalada de lechuga y tomates.

8. ABRAHÁM: A mí me encanta el almuerzo también. Pero no me gusta la carne de res para nada. Prefiero el pescado con papas fritas y una manzana.

9. SUSANA: Yo prefiero la cena. Para cenar me encanta la sopa de legumbres y una ensalada de frutas.

10. ALICIA: A mi me gusta un desayuno caliente y rico. Prefiero comer dos huevos fritos con tocino, pan tostado y un chocolate caliente.

Answers to Midterm Exam

I. Listening Maximum Score: 20 points

A. (10 points: 2 points per item)
1. a
2. b
3. a
4. b
5. b

B. (10 points: 2 points per item)
6. c
7. a
8. e
9. b
10. d

II. Reading Maximum Score: 34 points

C. (12 points: 2 points per item)
11. b
12. c
13. b
14. a
15. c
16. b

D. (12 points: 2 points per item)
17. c
18. b
19. a
20. c
21. a
22. c

E. (10 points: 2 points per item)
23. e
24. a
25. c
26. b
27. d

III. Culture Maximum Score: 16 points

F. (6 points: 2 points per item)
28. b
29. c
30. b

G. (10 points: 2 points per item)
31. a
32. a
33. b
34. b
35. a

IV. Writing Maximum Score: 30 points

H. (15 points: 3 points per item)
Answers will vary. Possible answers:
36. Llevo unos pantalones, una camiseta y unos zapatos de tenis.
37. Me gusta comer un sándwich de jamón y queso con lechuga. Me gusta tomar jugo de frutas.
38. Me gusta llevar unos bluejeans de moda, un cinturón de cuero, un suéter de lana y unas botas.
39. A mi mamá no le gusta maquillarse para ir al trabajo.
40. La librería queda a dos cuadras de mi casa pero las otras tiendas quedan lejos de mi casa.

I. (15 points: 3 points per item)
Answers will vary. Possible answers:
41. La ensalada es más barata que el sándwich.
42. El pastel es tan barato como el helado.
43. Los zapatos de tenis son más caros que los zapatos formales.
44. La blusa de cuadros es más fea que la camiseta.
45. Las papas fritas están más saladas que el maíz.

Nombre _____ Clase _____ Fecha _____

Final Exam Capítulos 7-12

I. Listening
Maximum Score: 30 points

A. Listen to the following statements and decide if they are **a) logical** or **b) illogical**. (10 points)

1. _____
2. _____
3. _____
4. _____
5. _____

SCORE [   ]

B. Listen to the following morning announcements at the Centro Unión high school. Decide if the following events, **a) have already taken place** or **b) are going to happen**. (10 points)

6. _____
7. _____
8. _____
9. _____
10. _____

SCORE [   ]

¡Ven conmigo! En camino Level 1B

Testing Program **143**

HRW material copyrighted under notice appearing earlier in this work.

Nombre _____ Clase _____ Fecha _____

C. Today is a very busy day in the downtown area of the city. Listen to the following conversations and decide in which of the stores they are taking place. (10 points)

11. _____
12. _____
13. _____
14. _____
15. _____

a. Pastelería La Concha
b. Joyería La Perla
c. Florería Rosas Rojas
d. Dulcería Renata
e. Zapatería El Taconcito

SCORE [ ]

II. Reading

Maximum Score: 30 points

A. Read the following questions and select the best answer to each one. (10 points)

_____ 16. ¿Qué te parece si invitamos a Juan a la fiesta?

_____ 17. ¿Crees que hay bastante comida?

_____ 18. ¿Crees que mandamos bastantes invitaciones?

_____ 19. ¿Qué te parece si le pedimos a Jorge sus discos compactos?

_____ 20. ¿Daniel piensa traer los refrescos?

a. Perfecto. Él tiene unos discos compactos excelentes.

b. Creo que sí porque él fue al supermercado por la mañana.

c. Creo que sí porque Renato y Patricia prepararon mucho arroz con pollo.

d. ¡Buena idea! Él toca muy bien la guitarra.

e. ¡Claro que sí! Todos los amigos del colegio recibieron una.

SCORE [ ]

144 Testing Program

¡Ven conmigo! En camino Level 1B

HRW material copyrighted under notice appearing earlier in this work.

B. Read these tips about controlling stress. Then look at the following statements about several students. Choose **a)** if the student is using the suggestions in the article, or **b)** if the student is doing something not mentioned in the article. (10 points)

7 Claves para manejar el ESTRÉS

1. Comer por lo menos una comida balanceada al día. La nutrición es esencial para una buena salud y proporciona defensas contra el estrés.

2. Dormir por lo menos 8 horas cada noche. Un sueño apropiado puede añadir años de vida. Trate de acostarse y levantarse a la misma hora.

3. Hacer ejercicio, por lo menos 3 veces por semana. Busque una actividad divertida, como la bicicleta, o como caminar o nadar.

4. No debe tomar demasiada cafeína. Puede producir irritabilidad, dolor de cabeza, ansiedad y depresión.

5. Salir y cultivar sus amistades; un buen amigo es un gran soporte. Tener amigos cercanos es algo valioso; un buen amigo puede subir la moral con sólo estar presente.

6. Organizar su tiempo. Planée su uso y empléelo.

7. Sea optimista: las personas optimistas tienen menos problemas mentales y síquicos.

Adaptation from "1 7 Claves para manejar el Estrés" (Retitled: "7 Claves para manejar el Estrés") from *Bienestar*, no. 9. Copyright © by *Colsanitas*. Reprinted by permission of the publisher.

_____ 21. Ana Luisa va al doctor una vez cada año.

_____ 22. Javier tiene muchos amigos, pero Fabio es un amigo muy especial que lo ayuda mucho con sus problemas.

_____ 23. ¡Qué chico tan organizado es Pepe! Siempre sabe exactamente lo que va a hacer y cuándo lo va a hacer.

_____ 24. Rosana practica el violín y escucha música todos los días.

_____ 25. Nora nunca desayuna pero come un almuerzo completo todos los días.

SCORE ____

C. Carlos has had a rough week. Read the following entry in his diary. Pay attention to when things happen. Then answer each statement below with **a) cierto** or **b) falso**. (10 points)

> viernes 2 de mayo
>
> Querido diario:
>
> ¡Esta semana pasada fue horrible! Anteayer jugué en el partido de voleibol y perdimos 13 a 15. No me sentí bien ese día y jugué mal. El lunes, Alberto me invitó al cine pero no fui porque quería estudiar para el examen de ciencias. La profesora estaba enferma el martes y el examen fue el miércoles. Alberto fue solo y me dijo que la película fue muy buena. ¡Qué lástima! Ayer mis amigos pasaron el rato en la plaza. Fue un día muy bonito. ¿Y dónde estaba yo? ¡Aquí en casa! Cuidé a mi hermana toda la tarde. Anoche mis padres miraron su programa en la tele y no vi mi programa favorito. Me dormí a las ocho y media. Hoy mis amigos me preguntaron—¿Qué hiciste ayer? —Nada. Absolutamente nada. Bueno, ya llegó el fin de semana. Me siento mejor. Pienso salir y divertirme muchísimo.

_____ 26. Carlos jugó en un partido de voleibol el lunes.

_____ 27. Carlos no fue a la plaza ayer.

_____ 28. El jueves hizo muy buen tiempo.

_____ 29. Carlos está enfermo hoy.

_____ 30. Carlos cree que el fin de semana va a ser mejor que la semana pasada.

SCORE _____

Nombre _____ Clase _____ Fecha _____

III. Culture
Maximum Score: 10 points

A. According to the information in your textbook, are the following statements **a) true** or **b) false**? (6 points)

_____ 31. The Amazon River is the second longest river in the world.

_____ 32. Tamales are traditionally prepared by Mexican families during the Christmas season.

_____ 33. Many girls in Spanish-speaking countries have a big celebration on their thirteenth birthdays.

SCORE [ ]

B. Choose the most appropriate answer to complete each statement below. (4 points)

_____ 34. Shoppers in Puerto Rico use the same kind of money as shoppers in . . .
   a. Ecuador
   b. Mexico
   c. Texas

_____ 35. Many Spanish-speaking baseball players in the U.S. come from . . .
   a. Spain
   b. Chile
   c. Puerto Rico

SCORE [ ]

Nombre _____ Clase _____ Fecha _____

IV. Writing

Maximum Score: 30 points

A. Imagine that you're traveling in a Spanish-speaking country. How would you ask for the following information? Write a complete question for each topic. (5 points)

How would you . . .?

36. ask where the aquarium is

   _____

37. ask a new friend if he or she would like to go shopping for clothes with you

   _____

38. ask a friend how he or she is celebrating New Year's Eve today

   _____

39. ask someone where he or she went yesterday

   _____

40. ask a friend where he or she would like to go today

   _____

SCORE ☐

B. You're still visiting a Spanish-speaking country. What kind of ordinary questions do you think people would ask you? Write a complete sentence to answer each question below. (10 points)

41. ¿Qué estás comprando?

   _____

   _____

42. ¿Te gusta la comida picante?

   _____

   _____

43. ¿Qué tipo de regalo buscas?

   _____

   _____

Nombre _____ Clase _____ Fecha _____

44. ¿Adónde fuiste ayer?
_____
_____

45. ¿Qué te gustaría hacer este fin de semana?
_____
_____

SCORE [ ]

C. Now that you've been visiting Pueblo Nuevo for a while, you know your way around quite well. Imagine that you're standing at the spot marked with an X. Help the newer visitors by completing the directions to the places they're looking for. (5 points)

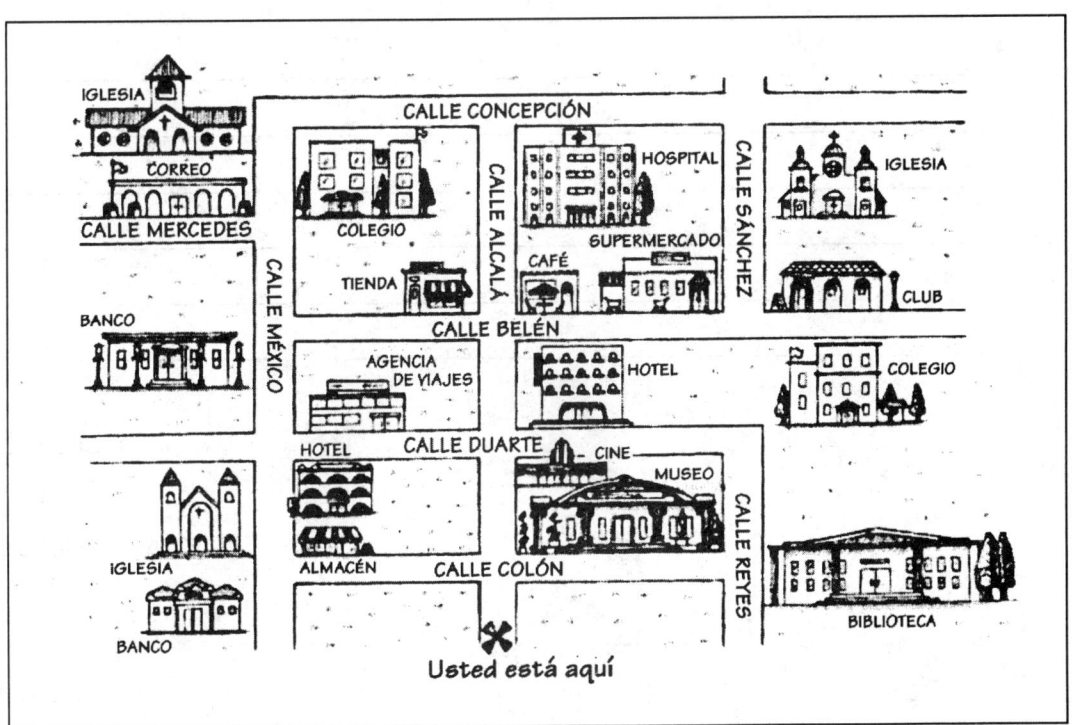

46. ¿La tienda? No, no queda lejos. Está a dos _____ de aquí.

47. Sí, señorita, el correo _____ en la calle Mercedes.

48. Mire, señor, la biblioteca está muy _____ de aquí.

49. Sí, el supermercado está al _____ del Café La Cucharona.

50. La tienda en la calle Belén queda más _____ que el almacén en la calle Colón.

SCORE [ ]

Nombre _____ Clase _____ Fecha _____

D. Pretend you're visiting Ecuador, Texas, or Puerto Rico. Write a paragraph with at least five sentences telling about what you're doing on your vacation. Tell about the food, shopping, music, or activities. Be creative! (10 points)

51. _____

_____

_____

_____

_____

_____

_____

_____

_____

_____

_____

_____

_____

SCORE ☐

TOTAL SCORE ☐ /100

Nombre _____ Clase _____ Fecha _____

Final Exam Score Sheet

Circle the letter that matches the most appropriate response.

I. Listening
Maximum Score: 30 points

A. (10 points)
1. a b
2. a b
3. a b
4. a b
5. a b

SCORE ____

B. (10 points)
6. a b
7. a b
8. a b
9. a b
10. a b

SCORE ____

C. (10 points)
11. a b c d e
12. a b c d e
13. a b c d e
14. a b c d e
15. a b c d e

SCORE ____

II. Reading
Maximum Score: 30 points

A. (10 points)
16. a b c d e
17. a b c d e
18. a b c d e
19. a b c d e
20. a b c d e

SCORE ____

B. (10 points)
21. a b
22. a b
23. a b
24. a b
25. a b

SCORE ____

C. (10 points)
26. a b
27. a b
28. a b
29. a b
30. a b

SCORE ____

¡Ven conmigo! En camino Level 1B

Nombre _____ Clase _____ Fecha _____

III. Culture   Maximum Score: 10 points

A. (6 points)

31. a b

32. a b

33. a b

SCORE ☐

B. (4 points)

34. a b c

35. a b c

SCORE ☐

IV. Writing   Maximum Score: 30 points

A. (5 points)

36. _____

37. _____

38. _____

39. _____

40. _____

SCORE ☐

B. (10 points)

41. _____
_____

42. _____
_____

43. _____
_____

44. _____
_____

45. _____
_____

SCORE ☐

152 Testing Program   ¡Ven conmigo! En camino Level 1B

Nombre _____ Clase _____ Fecha _____

C. (5 points)

46. _____
47. _____
48. _____
49. _____
50. _____

SCORE [ ]

D. (10 points)

51. _____
_____
_____
_____
_____
_____
_____
_____
_____
_____
_____

SCORE [ ]

TOTAL SCORE [ ] /100

Listening Scripts for Final Exam

I. Listening

A.
1. Tengo que lavarme los dientes antes de comer.
2. ¡Tengo mucha sed! ¿Me puede traer el pan dulce?
3. Quisiera huevos con tocino para el desayuno.
4. ¡Uuy, qué frío! Me gustaría tomar un chocolate caliente.
5. ¿Te gustaría un flan para el postre?

B.
6. Los estudiantes de la clase de deportes van a ir a escalar la Montaña Encantada en el mes de julio.
7. Ayer, los Ticos de San José no jugaron al béisbol porque estaba lloviendo.
8. El mes pasado, todos los estudiantes del Centro Unión celebraron el aniversario de su escuela.
9. En mayo, la cafetería de la escuela no va a servir limonadas. Sólo jugos de naranja y de mango.
10. El domingo pasado, los Huracanes de Barcelona ganaron el partido de fútbol contra los Bombones de Madrid.

C.
11. —Son cincuenta dólares.
    —¡Cincuenta dólares por un collar! ¡Es un robo!

12. —¡Estas flores rojas son preciosas! ¿Tú crees que le gusten a mamá?
    —¡Claro! Estas flores y una tarjeta la van a hacer feliz en el Día de las Madres.

13. —¡Qué zapatos tan bonitos! ¡Te quedan muy bien!
    —Y además, ¡son muy baratos!

14. —Señorita, ¿me puede decir el precio de este pastel de fresa?
    —Lo siento, pero ese pastel es para una fiesta de cumpleaños. ¿Le gustaría un pastel de chocolate?

15. —¡Me encantan los chocolates!
    —Pero yo prefiero los dulces.

Answers to Final Exam

I. Listening Maximum Score: 30 points

A. (10 points: 2 points per item)
1. b
2. b
3. a
4. a
5. a

B. (10 points: 2 points per item)
6. b
7. a
8. a
9. b
10. a

C. (10 points: 2 points per item)
11. b
12. c
13. e
14. a
15. d

II. Reading Maximum Score: 30 points

A. (10 points: 2 points per item)
16. d
17. c
18. e
19. a
20. b

B. (10 points: 2 points per item)
21. b
22. a
23. a
24. b
25. a

C. (10 points: 2 points per item)
26. b
27. a
28. a
29. b
30. a

III. Culture Maximum Score: 10 points

A. (6 points: 2 points per item)
31. a
32. a
33. b

B. (4 points: 2 points per item)
34. c
35. c

IV. Writing Maximum Score: 30 points

A. (5 points: 1 point per item)
Answers will vary. Possible answers:
36. ¿Me puede decir dónde queda el acuario?
37. ¿Te gustaría ir a comprar ropa conmigo hoy?
38. ¿Cómo estás celebrando la Nochevieja?
39. ¿Adónde fuiste ayer?
40. ¿Adónde te gustaría ir hoy?

B. (10 points: 2 points per item)
Answers will vary. Possible answers:
41. Estoy comprando un regalo para mi tío.
42. Me encanta la comida picante.
43. Busco unos aretes para mi mamá.
44. Fui al lago con mis amigos.
45. Me gustaría ir al teatro.

C. (5 points: 1 point per item)
46. cuadras
47. queda/ está
48. cerca
49. lado
50. lejos

D. (10 points).
Answer will vary. Possible answer:
51. Estoy visitando al Ecuador con mi familia. Hoy escalamos una montaña. También fuimos a comprar en el mercado. Yo compré un suéter muy bonito. Para el almuerzo, comimos un sancocho con pollo y legumbres. Mañana vamos a ir a Quito.